［中學生］

晨讀10分鐘

堅持夢想我前進

王文華 主編

王文華 主編
達姆 繪圖

晨讀10分鐘

堅持夢想我前進

我堅持 I Persist

我創造
I Create

我超越
I Overtake

我熱愛…… I Love

我夢想…… I Dream

每一天，與一位不平凡的人相遇

■資深少兒文學作家　王文華

昨天大清早，窗外微風入室，翻開書，我讀李安……

今天清晨，麻雀三兩隻在樹上跳躍，天空有雲，但是羅丹大師的故事，讓我沉澱下來……

明天呢？明天早上是誰的堅持，造就他的不平凡？

希望這是一本讓孩子們期待的名人故事集，精選二十位擁有獨特生命歷程，發揚生命價值的勇士，希望他們能闖入少年們的心中，輕撞年少的心靈。

這本書裡的二十位名人，二十篇文章，乍看之下，像是走進菜市場裡，視覺強烈，嗆辣香甜、百味雜陳。可是這口味又好像很對青少年想要的，有時往往不是我們認可的標準，只有給他們越多元、越多款的青菜蘿蔔任憑挑選，擴大視野，才能選己所愛，愛己所選。

其中有的文章深一點，有的單元淺白些，有的人物對了誰的胃口，有的人物光聽名字就有點討厭，但是又想把它翻來看看，究竟哪裡令人討厭？有的故事讀起來很順，有的讀起來卡卡的，說不出哪裡怪了些？

哈，好像就是要這樣的效果，因為每一個人都是獨立的個體，每一個故事都隱然含著生命的跳動。何妨利用晨讀十分鐘，讓青少年朋友讀進去，十分鐘，認識一個不平凡，即使不對少年朋友的胃口，也要鼓勵他們看看，是哪裡不對盤！

多元文體，多重閱讀享受

既是選文，我們希望文體能夠有點不同的變化。

於是，書裡有了賈伯斯的演講稿——大家都知道蘋果創辦人之一的賈伯斯。現在的孩子人手一臺iPhone或iPad，大家都以為他一定從小就這麼厲害，其實他大學也沒讀完，卻在旁聽課時，發現英文藝術字體的美感，從此對美感的極致追求，成了賈伯斯最大的信仰。

一場新產品發表會，為了產品燈光的調整問題，他可以耗上一整天，你可以說他龜毛成性，但是沒有這樣的品味，又怎麼引領出一場又一場世界科技革命來？

傑克．邱吉爾這名字聽起來很熟悉，不過你應該猜錯了，他不是帶英國打贏二戰的首相邱吉爾。只是這個傑克．邱吉爾，他做的事，肯定也會讓首相邱吉爾大呼過癮。

二十歲服役、三十歲退役，在報社當編輯，然後去拍電影當演員，他也曾是模特兒，參加世界射箭大賽，拿下蘇格蘭風笛比賽亞軍，最後帶弓箭拿長劍參與二次大戰，你沒看錯，在現代戰爭裡，他像個古代大俠，而且還能全身而退。

還有紅面棋王周俊勳的故事，那是用一顆棋子回憶他的棋王之旅！

加上「佛羅倫斯科學歷史博物館」竊案報告……文體的多種變化，讓少年朋友閱讀時，不拘泥在相同模式的文章中，順道學習名家文采，晨讀十分鐘，不知不覺語文程度也有了提升。

選才標準一：披荊斬棘，創造自我

翻開報紙，社會上報考公務員的人越來越多，錄取率越來越低，只因為大家都想隨俗，只求安分，如果父母師長也這樣想，會不會讓本來應該青春煥發的孩子，眼眸裡提早抹上一層暮色？

這本書裡的人物，絕對都要有一種氣魄，敢於衝撞社會既定的體制，建立自己的價值觀，不理世俗訕笑怒罵。

我立刻想到徐霞客，他就是這樣的人。明代年間，讀書人瘋科舉、覓功名，他卻勇於割捨，千里獨行做地理學家去。不管是田野調查溶洞，攀山尋找江水源頭，他的發現和成就，即使放到今日來看，都還很有科學價值。

清代的鄭板橋，是揚州八怪之一，他的詩書畫本身就夠怪了，當官時也是一絕，聞聲救苦，為百姓謀活路，十二年官場一退，退得乾乾淨淨，兩袖清風，自在的回揚州賣畫去。

要從臺灣現在的政治家來找，也只有孫運璿院長能跟他們比。這兩位古人，一明一清，認清什麼是自己想要追求的，勇敢逐夢，不隨波逐流。

選才標準二：燃燒熱情，開展新局

還有的人自己找戰場，找到自已有興趣的戰場，衣帶漸寬終不悔，最後成了「專家級」的人物，引領一時之風潮，這樣的人物，當然也很特別，值得把他收納進來。

男生都愛甲蟲，鹿野忠雄就是其中的代表。他童年時看到臺灣的甲蟲後，立志要到臺灣來讀書，臺灣那時沒學校收他，他硬是多等了一年才入學。

來了臺灣後，整天去山上抓甲蟲，爬高山，越險境，他的一生真是精采，歸根究柢，只因當年一隻甲蟲標本而起。

從小愛玩芭比娃娃的男生，長大能做什麼？

吳季剛用他的設計，成功獲得美國第一夫人蜜雪兒．歐巴馬的青睞，在歐巴馬就職晚宴上，她身上的禮服來自吳季剛的設計。

吳季剛的厲害，在於他早早就知道自己要追求的是什麼，願意用最大的熱情原力，放棄世俗的標準，追求自我。

選才標準三：披星戴月，堅持自我

一般人年輕時，夢想很多，遇到一點兒挫折困頓，立刻折腰從眾，最後沆瀣一氣，搞得面目模糊。為了讓青少年讀者明白，想要做自己，就得堅持到底，歷經苦難而不退怯，把羅丹請出來有其必要。

在羅丹之前的雕塑多崇古法，秉持希臘風的美感而不自覺。但羅丹不是，他的作品中，將模特兒的生活、生命全揉捏在一塊兒了。

這樣的學生，參加美術學院入學考，連考三次不過，一個老教授還在他第三次落榜時，在他的報名單上寫著這樣的評語：此生毫無才能，繼續報考，純屬浪費。

按今日標準，羅丹早該轉行去做別的了，但是羅丹不肯妥協，最後才能帶動雕塑界天翻地覆的大改變。

甘地也是。甘地不聰明，很符合我們這本書的選「才」標準，小時候連作弊都不會。督學抽考拼字，他也不會背，但是他堅持要讓印度脫離英國的統治，於是，他選了一條聽起來簡單，實行起來困難重重的「不合作運動」。英國人要他做什麼，他就不做什麼，被抓去關也不怕，帶著紡紗車進牢裡，嘰嘰嘰嘰的紡紗聲中，逐退了英國人，實現了印度獨立的夢想。

選才標準四：痴狂瘋癲，捨我其誰

孟子說，天降大任於斯人也，必先勞其筋骨，苦其心志，在我們選的人物裡，當然也要有這種耐得住寂寞與困厄，練就一身蓋世奇功的大俠。

李安就是。

還沒成名前，他花了六年在紐約，幫太太煮飯，自己編著沒人要的劇本。

那六年，像張無忌在山谷裡練九陽神功一樣，雖然苦，雖然難受，但是基本功卻多磨了六年。

六年後，機會來了，大俠一出手，用《推手》和《飲食男女》揚名立萬，最後成了國際大導演，如果沒有那六年的困頓，又怎麼會有後來的聞名國際呢？

大家熟悉的周杰倫也是。

周杰倫不是一出道就是亞洲天王。他也曾有很長一段當「F咖」的年代，和方文山兩個人住在同一間套房，踩著藍白拖，套著短褲在夜市裡撈金魚、吃關東煮，沒人認識他們，未來還在虛無飄渺間，那時他們都很年輕，都只想作詞、作曲，沒想到會有這麼一天，他們孵的那些豆芽菜，有朝一日，全都成了會考的試題。

想堅持夢想，就得忍受寂寞。

選才標準五：極速追夢，活在當下

沒幾個人敢想像，自己這輩子會有一天踏上北極，踏進無人沙漠裡吧？

就算真的有人想過，也沒幾人能做到，南北極都去跑一圈，連無人沙漠都自在來去？

讓孩子們認識林義傑吧，當他們讀完林義傑的故事後，他們或許會更勇於做夢，找到自己喜歡做的事，立下目標，逐夢而行，只因為，偉大的成就，來自不凡的夢想。

想成就夢想，還要有充分準備，緊抓機會，像麵包師傅吳寶春一樣，隨時用兩百分的準備，來面對挑戰，挑戰自己，挑戰世界。

這書裡的二十位人物，都有自己的夢想，他們都能堅持到底，都能忍受寂寞，在所有人都認為不可能，認為他們瘋了、傻了的時候，他們笑一笑，窩回自己的天地，繼續朝夢想前進。

人生沒有公式，什麼都有可能。這二十位「敢於做自己的」經典人物，只是銀河裡，閃耀的群星之一。星星看起來很遠，似乎觸不可及，但是若能因此讓讀者認清自我，找到目標，堅持所選，一步一步，總能在自己的軌道上，閃耀星光。

即使是必須孤獨的在星際旅行七十六年之久的哈雷慧星，也能在劃過我們頭頂天際時，引起一陣騷動。

每天與一位「就是和你不一樣」的人物相遇，希望他們逐夢的故事，能引發一連串的熱烈反應。希望這些人的身影，能觸動某些心靈，只要持續以恆，再提供一塊自由呼吸的沃土良田，下一個世代，就會開出更多色彩豔麗，造型奇特的花來。就像夢想，只要敢飛，就能乘風遠去。

我堅持……

I Persist

Auguste Rodin

羅丹

1840-1917

真實中見不平凡的偉大

■ 王文華

「苦難對於天才是一塊墊腳石，對能幹的人是一筆財富，對弱者是一個萬丈深淵。」

——巴爾札克

巴爾札克是法國十九世紀最偉大的小說家之一，他曾經發下豪語：「拿破崙用劍不能征服的地方，我要用我的筆來征服。」

如今巴爾札克的小說已經翻譯成一百多種語言，各國的人都能輕易拜讀它，被它影響，受它感動。

法國另一位大作家雨果就曾說：「過去人們仰望的都是統治者，但是現在，我們開始懂得仰望思想家，那都是因為巴爾札克改變了我們。」

為了紀念巴爾札克，法國的作家協會的主席左拉向他的老朋友雕塑家羅丹下訂單，請他做一個巴爾札克的像，立在街頭，供人瞻仰。

羅丹是誰？羅丹是法國最偉大的雕塑家，出生在一八四〇年。

像是說好了似的，幾位世界重要的藝術家，幾乎都在那幾年出生。

一八三九年——塞尚。

一八四〇年——莫內。

一八四一年——雷諾瓦。

難道是上帝在同一時間，派出祂最鍾愛的天使下凡來，讓祂們在世上揮灑一番，在人間留下這麼多美好的作品？

羅丹也是其中一位。

羅丹十四歲時看過一本米開朗基羅的作品後，堅持要走藝術這條路。

羅丹的父親認為藝術不算是正當行業，要他讀法律，將來才能養活自己。羅丹不肯改變志向，母親和姊姊支持他，合力說服父親，父親這才勉強同意讓他進入學費較低的設計學校學習。

在設計學校，羅丹如魚得水，學得又認真又快。羅丹的精力旺盛，第一年學畫畫，因為沒錢買顏料，只能畫速寫，好不容易有人送他一盒顏料，才畫了一回就被人偷了。

有一次，羅丹無意中打開模型室的門，看見裡面的雕像，他竟然感覺自己歡喜到快要飛上天了：「我就是要學雕塑、做雕塑。」

羅丹的五指短而有力，天生就是學雕塑的料，老師教他的技巧，一學就會，雙手終日泡在雕塑膠泥裡，他也不累，只覺其樂無窮，越做越起勁。

就在羅丹沉醉在雕塑的的天地裡時，一向支持羅丹的姊姊瑪麗，竟然過世了。

羅丹受到很大的打擊，想放棄自己的藝術生活，進了修道院當見習修士。

羅丹修士和其他修士不同，他一有空就在牆邊、紙上塗塗抹抹，神父覺得他不適合宗教生活：「一個人要走向宗教，不是那麼容易的，我覺得你其實應該繼續在藝術上發揮。藝術也可以拯救人心的。你的姊姊去世是個悲劇，所以，你更要把你自己給救出來呀。」

或許神父的話奏效，羅丹終於重回世俗生活中。

重回藝術天地的羅丹對自己的雕塑很有信心，但誰想得到苦難還沒放過羅丹。他連著三年報考巴黎美術學院，竟然連著三次落榜。

最後一次，一個老教授還在他的報名單上寫著：

此生無可造就，毫無才能，完全不懂造型，繼續報考，純屬浪費，名列第四十一名。

這位老教授大概想不到，他從此被世人記住了。不是巴黎美術學院教授的身分，而是因為他在羅丹的報考單上寫下這幾句話，讓未來轟動世界的雕刻巨匠，被他那幾句話，給永遠擋在巴黎美術學院門外了。

羅丹的落榜其來有自，在當年的環境中，不管是學院還是公家機關，他們都是保守的，這些教授推崇古希臘、羅馬的作品，認為只有古典、唯美才是真正的美感，學生們想進美術學院，想要獲得社會上的名聲，可以，請模仿吧，只要按照古希臘、羅馬作品做機械性的模仿。

誰能做得越華美越脫離俗世，誰就是藝術大師。

羅丹不是，他觀察自然，他做人物寫生，他創造出來的作品充滿了生命力，卻不見容於學院裡的老教授。

進不了美術學院，羅丹先後在各種工作室裡當裝飾工人，利用晚上的休息時間，他才能創作，他沒錢把膠泥澆鑄青銅，只能不斷利用溼布保持作品的溼度。羅丹早期的作品，常因為保存不當，不是太乾燥斷裂，就是太溼而塌掉。

想想多可惜，如果那些作品都能留下來，我們現在會有多少跟「沉思者」一樣偉大的作品？

那個時期不能進美術學院，年輕藝術家想要出頭天，還可以參加官方舉辦的沙龍展，只要能到沙龍展覽，就有機會得到收藏家、公家機關的訂單。

羅丹第一次參加沙龍展，只能找流浪漢當模特兒，約定好以一碗湯為代價。

這是一個面部奇特的老人，鼻子扁平，羅丹試圖抓住老人純樸的性格，用了一整年的時間，全花在這一尊命名為「塌鼻男人」的雕像上。他對它寄予厚望，把它送去參加沙龍展。

「塌鼻男人」卻落選了。

評論家認為它太逼真，違背了甜美作品的要求，否決它的參展資格。

這樣的事，羅丹遇過很多次。

幾年後，他的「青銅時代」，還被人懷疑是用活生生的人體翻模製造出來的。

他舉世聞名的「沉思者」第一次展出時，也被人們稱為妖怪、猿人。

羅丹的想法超越同時代的人，那些自然呈現的人體，刻畫了歲月痕跡的軀體，那麼不像古希臘華美的風格引起人們群起的攻擊，媒體的打擊。

羅丹毫不退縮，堅持己見，就像他做巴爾札克的雕像一樣。

羅丹想用全新的方式來創作巴爾札克，他泡在圖書館裡重新閱讀了巴爾札克所有的作品，蒐集巴爾札克的所有文獻資料，甚至跑去巴爾札克的家鄉圖爾，研究當地的地形地貌，看看是怎樣的地方，生養出這樣一位舉世皆知的大文豪。

雖然巴爾札克去世已近半個世紀，但是，見過巴爾札克的人還有不少，羅丹訪問他們，他決定要讓他的巴爾札克和寫出《人間喜劇》的小說家本人一樣，不僅有頭腦，還要是一個偉大的造物者，反映出巴爾札克的真實面貌。

羅丹眼中的巴爾扎克，肥胖的大肚子向外腆著，兩條腿又粗又短，五官長得粗大而難看，看起來臃腫又愚蠢，可是這就是真實的巴爾札克，平凡到接近醜陋的身軀裡，卻蘊含了驚人的智慧。

只有這麼平凡，才能顯示出巴爾札克不平凡的偉大。

為了雕塑出自己最滿意的作品，羅丹交付塑像作品的日期一再推延，作家協會的人威脅要取消他的作品合約，他也不在乎。

據說在最初創作出來的模型中，羅丹曾經幫巴爾札克塑了一雙充滿智慧的手。雕好後，他問自己的學生，對這尊雕像有什麼看法？

他的學生想也沒想就說：「這雙手雕得真好。」

羅丹二話不說，拿起錘子就把這雙手給砸掉了。

「老師……這……」學生嚇得都快結巴了。

「這下觀賞的人就會更加注意巴爾札克了呀！」

羅丹的作品總是前衛的，超前於他生活的時代。

一八九八年，一座完工的巴爾札克石膏像在沙龍展出。

人們看到的巴爾札克，雙手藏在寬大的睡袍裡，他的臉部被凸顯出來，深刻、有力，彷彿巴爾札克就在月光下行走、思考。

羅丹期待聽到大家對他的恭維，畢竟這是花了七年功夫才完成的作品。

只是，人們對他的評語卻是：

那是一頭海豹嗎？

一袋石膏？

一個穿著浴袍的雪人？

公眾的批評不斷，連作家協會也否定這尊雕像，他們片面決定廢除合同，理由是他們在這尊「粗製濫造的草稿」中，無法辨認出巴爾札克的形象。

更多的人批評它是怪異的，是病態的，脫離現實的人體塑造形式，更有人把這尊雕像說是「麻袋裡裝著的癩蛤蟆」。

面對指責，羅丹卻選擇相信自己。他認為：「巴爾札克是我一生作品的頂峰，是我全部生命奮鬥的成果，我的美學理想集中表現。」

作家協會之間也產生了分裂，左拉支持羅丹，但是投票結果，作協仍然拒絕接受這件作品，左拉憤而辭職以示抗議，羅丹的朋友們也發表宣言支持他，但是民眾不喜歡這件作品，這樣的局面讓羅丹很沮喪，他不願意重塑巴爾札克，因為在他心中，巴爾札克就應該是這樣的形象。

最後，羅丹退回作協的費用，把巴爾札克搬回自己的家。他的心思繼續放在其他的雕塑品上，偶爾，他的眼光才會飄到了院子外，巴爾札克凝神望著遠方的立像上。

時間過得很快，一九三九年，一個陰雨綿綿的日子，「巴爾札克」被人們請了出來，立在蒙巴納斯上，那時，羅丹已經逝世二十二週年了，這遲來的立像，宣告了羅丹作品的超越時代性。今日，人們在東京、紐約、倫敦甚至是臺灣，都可以輕易發現羅丹作品的影子，它那樣深入人心，不管是「地獄門」、「沉思者」還是「巴爾札克」，它們似乎都在印證著巴爾札克的話：

偉大的人物都是走過了荒沙大漠，才能登上光榮的高峰。

壯哉斯言，巴爾札克如是，羅丹亦復如此。

行政院新聞局登記證
少年報第一號

元氣早報

閱讀性向測驗

羅丹的作品當中，你最喜歡哪一個？

a 塌鼻男人
b 沉思者
c 巴爾札克
d 地獄門

暴風雨般的關係：師徒是也？愛人是也？

焦點新聞【本報記者小吉綜合報導】

羅丹推出畢生心血巴爾札克雕像時，引起軒然大波，大家說那是怪異的、變態的，甚至說那是「粗製濫造的草稿」、「麻袋裡裝著的癩蛤蟆」。儘管雜音不斷，卻有一束真誠的聲音，支持這位走在時代尖端的雕刻大師——來自另一位雕塑家卡蜜兒．克勞岱（Camille Claudel）。卡蜜兒寫信祝賀，表示這是非常美麗的作品，也是她認為羅丹以此為主題的創作中最好的一件。

藝術史家多半將卡蜜兒定位為羅丹大師的學生，但在創作上，卻存在某種分工或互惠的關係，羅丹的許多作品中都看得到卡蜜兒留下的痕跡，兩人發展出亦師徒亦愛人的強烈情感。初次見面時，他已是成名大師，她則是早慧的新人，兩個藝術家的靈魂，不顧一切彼此衝撞，迸發出創作的火花，留下讓人讚嘆不已的作品。可惜他們倆個性都太過強烈，再加上諸多環境因素，最終以悲劇性的分手收場。

今日人物

羅丹

非常任務——
確立歐洲現代主義風格的雕塑家

羅丹大事紀——

1840 生於法國巴黎
1854 進入圖畫專科學校
1858 三次報考美術學院，都落榜
1862 姊姊過世，進入教會
1863 聽從神父勸告還俗
1864 遇羅絲，兩人同居，結婚則是五十年後的事
1854 作品「塌鼻男人」送沙龍落選
1870 普法戰爭，從軍
1876 製成作品「青銅時代」
1877 「青銅時代」在布魯塞爾展出，被人誣為實體澆模製成
1880 法國政府收購「青銅時代」，接受「地獄門」的訂單
1891 受委託進行巴爾札克像
1898 巴爾札克像完成，作家協會拒絕接受
1917 與羅絲結婚。2月14日羅絲逝世，11月17日羅丹過世

· 選 a 的人→對人性觀察有獨到見解，適合閱讀〈李安〉p.60
· 選 b 的人→個性獨立、好思考，適合閱讀〈周俊勳〉p.179
· 選 c 的人→具有過人的洞察力，適合閱讀〈蕭青陽〉p.85
· 選 d 的人→對萬物懷著悲憫的心，適合閱讀〈鹿野忠雄〉p.152

Mohandas Karamchand Gandhi

和平抗爭，就是不跟你合作

■ 王文華

甘地

1869-1948

細讀過往的偉人傳記，幾乎都有個不成文的公式：想成為偉人，就得天縱英明，智商超過常人水平，老師出的問題難不倒，從小懂得孝順父母，知道立志，有齊家治國平天下的抱負；要不然就是有過人的毅力或體力，當危機來臨時，能沉著應對，拯救生民於水火之中。

但這篇文章的主角不是這樣。

他內向靦腆，膽小怕事，雖然是個誠實守規矩的孩子，卻不是一個天資聰穎的學生；他努力讀書，可惜反應遲鈍，記憶力又差。

有一次，駐區督學到校視察，要求學生默寫生字，想看看學校的教學成果。老師很緊張，因為這關係到學校的聲譽。絕大多數的孩子都寫對了，就只有這個小孩答錯了，老師偷偷用腳尖踢他，暗示要他抄別人的答案，不過這孩子也不知道懂了沒有，反正最後他的答案仍然是錯的，讓老師氣炸了。

這件事說起來，或許算得上是他少年時代值得一提的「將來會成為偉人的事蹟之一」，因為他誠實到不肯抄別人答案；但是換個角度想想，會不會是他遲鈍到不了解老師的提示，或是連作弊也不敢呢？

這個孩子是個印度教徒，印度教徒要吃素，他曾在伙伴的慫恿下，偷嚐肉食，可惜他膽子實在小，竟然做惡夢，夢見一頭山羊在他肚子裡叫了一整夜；他也偷偷抽過菸，沒錢買菸就撿地上的菸屁股，如果連菸屁股也找不到，他就向人借錢，借不到錢，連家裡傭人的錢他也偷。

做壞事讓他的內心又開始譴責他，譴責到他的良心受不了，他只好寫信向臥病在床的父親告解，並在父親床前發誓，再也不偷別人的東西了。

這樣平凡的孩子，幾乎讓人無從期待。但是，也是這一個孩子，長大後成為印度的國父，被印度人尊稱為「聖雄」。

他，是甘地。

甘地是怎麼辦到的呢？

印度當年是英國的殖民地，英國人高高在上，把印度人當成二等國民。

一八八七年，甘地中學畢業，他的成績並不好，卻遠赴英國求學。

在英國，甘地無法用英語與人交談，不會用刀叉，他想如果他能儘早適應英國社會，也許英國人就會接納他。於是不惜重金，買了絲帽、禮服和手杖，還請他哥哥寄來一支金懷表，每天花好幾個鐘頭練習打領帶。他去學跳舞、學法語，只想早日打進英國社會。

這種生活持續了三個月，最後他黯然的發現：不管他如何改變外表，他血液裡永遠是個印度人，英國人只會視他為殖民地的二等國民。

此後，甘地恢復印度教徒省吃儉用的習慣，發憤苦讀，希望從學識上受人尊重。甘地的學習非常刻苦，他不是天才，每天要比同學花更多時間讀書，最後才能以優異成績得到倫敦大學法律系的學位。

新生活的起點

一八九一年，甘地取得律師資格，回到印度，在孟買開了一間律師事務所。

從此以後，醜小鴨該變成天鵝了吧？

噢，不！甘地第一次在孟買接案子，上了法庭，輪到他向原告證人提問的時候，甘地竟然一站起來就渾身發抖，結結巴巴，該講的話全都忘得一乾二淨。

這樣的律師，當然無法為案主爭取權利。

老實的甘地，誠實的告訴他的代理人：「這案子我接不了，請你另請高明吧！」

這次挫折使他失去再接案子的勇氣，也沒人敢再請他打官司。

為了維持生計，甘地靠幫別人寫狀子來支撐事務所，由於收入微薄，不敷使用，最後他遠渡重洋，到南非接案子。

南非當時也是英國的殖民地，印度人在那裡受到的待遇更不公平。

一八九三年，甘地為了處理訴訟案件，初次在南非搭乘火車，他買的是頭等車票，火車行駛到馬里斯堡時，站務員卻要求他：「出去，你不配坐在這裡，印度人只配滾到貨車去。」

甘地氣得渾身發抖，拿出頭等車票向站務員據理力爭。

站務員不聽他的解釋：「你買什麼車票不重要，印度人就只能坐在貨車上。」

「我不下去，這是我的權利。」甘地是律師，他堅持自己應有的權利。

被惹惱的站務員帶了警察來，二話不說，強行把甘地拉到月臺，還將他的行李丟到月臺上。

警察咆哮：「滾到你該去的地方吧！」

那天，月亮清冷，火車漸去漸遠，甘地站在深夜淒冷的月臺上，腦中不斷的思考著：

我受了高等教育，買了頭等車票，為什麼還不能受到一般人的待遇？

南非對印度人這麼不友善，我是不是該回印度？

要是回印度，那這裡的印度人怎麼辦？

這次的刺激，讓甘地有了重大的決定，他決心留在南非，因為南非的印度人更需要他。

當時管理南非的英國總督，設了許多歧視印度移民的法令。例如：印度人必須隨身攜帶身分證明文件、印度人每年要繳納人頭稅、只承認按照基督教儀式舉行的婚禮等。和印度來比，在南非的印度人遭受更嚴重的歧視，目睹同胞所受的欺凌，甘地決心為印度僑民爭取權利。

只是，要怎麼做呢？

甘地倡導大家以「和平非暴力」的方式來反抗英國政府。既然英國人規定大家要登記身分證，甘地就號召印度移民都不去登記，寧願被警察逮捕也不去。一批人被捕了，另一批人又起來繼續反抗，一時間，南非的監獄就人滿為患了，最後英國人也很頭痛，只好修改不合理的法條。

不合作運動

甘地在南非，一共待了二十二年。其間多次為了印度同胞與英國人交手，雖然受到英國人的毒打與監禁，他始終堅守原則，不卑不亢，從一個上法庭會害怕到雙腳顫抖的的菜鳥律師，最後卻躍居為印度反對英國殖民運動的帶領者。

甘地返回印度後，他把南非經驗用來爭取印度獨立。

想讓印度獨立，脫離英國人統治，需要更多人的幫助，甘地依然以「非暴力抗爭」、「不合作運動」當行動原則。

當年，印度人穿的衣服大多來自英國，但是價格不合理，因為英國人以低價買進印度生產的棉花，運回英國製成衣服後，再高價賣回印度。

印度沒有自己的成衣工廠，不買英國生產的衣服，那大家要穿什麼呢？

甘地想起了紡紗車，以前沒有工廠，大家都用傳統紡紗車呀。

他請幾個老婦人當老師，教大家ＤＩＹ紡紗，甘地還要求全國的人民，每天撥一點時間自己紡紗，從基本上脫離英國人的壓榨。

甘地自己也以身作則，無論到哪裡，小紡車總不離身，即使幾次被關在牢裡，他也是紡織不輟。許多民眾受他感召，在集會中，激動的燒毀身上英國衣物，投入紡紗工作。

如今我們常看到的甘地像，光著上身，戴個眼鏡，身上有條纏腰布，就是他自己用紡紗工具做出來的。

不合作運動，很快就在全印度掀起波瀾。印度人不和英國政府合作；不為英國人工作；不參加英國人主持的會議；不上英國人辦的學校；不購買英國的債券和商品，不承認英國政府所設立的法庭審判。

甘地也帶頭退回英國政府頒贈的勳章，在他的呼籲下，在政府任職的印度人紛紛辭職；在英國學校讀書的印度學生轉學；英國人開設的商店乏人問津。

一開始，大家懷疑不合作運動的成效，指責他為什麼不使用武力對抗英國人？

但是甘地總是說：「如果我們能夠展現意志力，我們就會發現，我們不再需要武裝力量。」

一九三〇年，英國人訂了一條新的食鹽法，規定印度人只能到食鹽專賣店買鹽，購買時還要加收一層重稅。這種不合理的法律，讓甘地發動著名的「食鹽長征」，進行第二次「不合作」運動。

那一年，甘地六十一歲了，瘦小老弱的甘地持著手杖，徒步出發，每天要走十二哩的路，不坐車，不騎馬，連續走二十四天，一開始只有少數人跟隨，但是隨著他移動的足跡，感動了沿路的村落，人們自動加入他的行列，總數達到幾千人。

遊行最後一天，甘地終於來到海邊，他彎腰掬起一把海鹽，高高的舉起，展示給眾人看。群眾發出喝采，大家模仿他，開始自己製鹽。

這樣的舉動，讓英國政府開始大肆搜捕支持甘地的民眾，前後共計有六至十萬人被逮捕入獄，包括甘地。

甘地被捕後，第二次的不合作運動該告一段落了吧？

不不不，甘地的兒子和女詩人奈杜①自動接棒，聽到甘地入獄的消息，自動自發而來的群眾排成一條長長的人龍，徒步邁向海灘。

英國警察拿著棍棒，想驅散他們。人們手無寸鐵，不是警方對手，但是他們一個接一個，前仆後繼，用血肉之軀，和平抗議這些不合理的規定。

英國警察的殘暴形象，透過媒體，最後引來各國的譴責，也讓印度獨立獲得一線曙光。

在爭取印度獨立的漫長歲月中，甘地幾經坐牢、絕食，但每回入獄後，卻使反抗的力量更為強大。

甘地說：「當我絕望時，我會想起：在歷史上，只有真理和愛能得勝，歷史上有很多暴君和兇手，在短期內或許是所向無敵的，但是終究總是會失敗。好好想一想，永遠都是這樣。」

今天，甘地已經成為舉世公認非暴力抗爭的象徵，他「堅持真理」的信念以及「非暴力」、「不合作」運動的抗爭方式，對後來者——南非的曼德拉和美國的馬丁．路德．金恩領導的人權運動影響極大。

甘地曾充滿睿智的說：「以眼還眼，只會使整個世界都盲目。」「非暴力」絕不是弱者的行為，只有深具正義，視死如歸的人，才敢於使用非暴力手段，堅持真理的力量，更是強權政府無法對付的精神力量。

① 薩羅吉尼．奈杜（Sarojini Naido, 1879-1949），為自由鬥士與詩人，印度史上第一位女性國會議長。

行政院新聞局登記證
少年報第二號

元氣早報

閱讀性向測驗

甘地以苦行僧的方式生活，你能做到哪一項？

a 一週一天不說話
b 不殺生，不吃葷食
c 自己紡紗織布做衣服
d 和自己喜歡的人保持距離

槍聲響起：暴力撂倒非暴力？

焦點新聞【本報記者小吉綜合報導】

一九四八年一月三十日，槍聲響起，一輩子倡導非暴力的印度聖雄甘地，從此倒地不起，享年七十八歲，凶手為印度教狂熱分子。因為甘地支持印度獨立，為印度和巴基斯坦和平共處做努力，卻仍引起激進分子反彈。槍擊案發生之前，甘地曾為了平息雙方衝突而進行第十四次絕食，也成功的帶來一段時間的和平。受到槍擊的當下，據說甘地還以手勢對凶手表示寬恕，並為他祈福。

甘地生前，以和平為運動的信念，主張「以眼還眼，只會使世界更盲目」，然而死亡卻瞬間降臨，彷彿為他的生命畫下諷刺的句點。有人會說他很傻，或許就像當年譴責他「為何不作弊」的大人一樣，但他「追求真理」的精神影響了後來美國的馬丁・路德・金恩、南非的曼德拉，還有好多讀過他故事的人。或許這個世界就是需要一些傻里傻氣但相信理想、願意用生命去追求的人？沒有正確答案，歡迎大家來信討論，請寄至元氣郵政〇〇三號信箱。

今日人物
甘地

非常任務——
以「不合作」運動爭取印度獨立

甘地大事紀——

1869 出生於印度西部
1888 留學英國
1893 到南非工作
1903 針對「黑法令」(The Black Act) 組織了一場抗議運動
1913 甘地被捕
1920 當選印度自治同盟主席
1922 因發起的公民不服從運動，判刑六年
1930 甘地領導了他一生中最著名的一次不合作運動——「食鹽長征」
1933 甘地為期二十一天的絕食，抗議英國政府對印度的壓迫
1939 在孟買絕食，抗議印度的獨裁統治
1948 甘地遇刺身亡

- 選 a 的人→能忍人所不能忍之寂寞，適合閱讀＜林義傑＞ p.226
- 選 b 的人→用心尊敬自然、尊重生命，適合閱讀＜鹿野忠雄＞ p.152
- 選 c 的人→擁有超凡耐心與毅力，適合閱讀＜吳寶春＞ p.50
- 選 d 的人→獨立自主，為自己而堅持，適合閱讀＜徐霞客＞ p.108

Galileo Galilei

伽利略

1564-1642

「佛羅倫斯科學歷史博物館」竊盜案

■ 王文華

時間：2023/09/13 凌晨一時三刻

地點：比薩帕亞警局訊問室

案由：佛羅倫斯科學歷史博物館竊盜案

書記官：沙維提

嫌疑犯：辛甫利索，男性，義大利籍，二十六歲

薩格警員報告書：

二〇二三年九月十二日，二十二時四十二分，我在外巡邏時接到通報，有人潛入佛羅倫斯科學歷史博物館。我在六分鐘內趕到現場，發現博物館大門洞開，有一人跑出來，手裡提了兩大包的東西（證物一至七），我將他逮捕。此人即嫌犯辛甫利索，辛甫利索辯稱他手上的東西全是伽利略先生送他的。

博物館館長在二十三時〇五分來到現場，他指出證物一至七號是館內收藏品，平時鎖在博物館三層強化玻璃櫃內，館長清點後，無其他物品遺失，嫌犯說伽利略送他東西云云，當然是胡說八道，因為伽利略先生已經死去一千多年了（書記官更正：是西元一六四二年去世），絕對不可能送他望遠鏡，這一定是嫌犯的狡辯之詞。

嫌犯自白書：

我，辛甫利索，家住瓦隆布羅薩街十六號。

平常我愛大自然，不喜歡受拘束，對於工作沒興趣，除非有人找我去當老闆，或許我會考慮一下啦。

最近這鬼天氣，真是讓人熱到想要詛咒，白天我盡量留在家裡，晚上才出來散散步。

今天晚上，我和平常一樣在街上閒晃，幾個貌美如花的小妞向我招手，我這種帥哥，只好浪費點時間，陪她們說說笑話，逗小妞兒開心是我的責任，對不對？聊完後，我一個人走開。

那時候幾點？嗯，應該是十點多吧，我經過佛羅倫斯科學歷史博物館時，咦，大門竟然沒有關。聖母瑪麗亞可以為我作證，我平時是個很熱心的市民，我立刻想到也許是哪個偷懶的員工，忘了關門就走了，所以想主動幫他們把門關好，免得被小偷給偷了，再怎麼說，博物館裡頭總是有很多古董的嘛，對不對？

當我正要把大門關好時，一陣奇怪的呻吟聲從裡頭傳了出來，我這個人最熱心助人了，警官你不要笑，我講的是真的，不信你問我的鄰居馬利歐兄弟。

那時我想，要是有人受傷怎麼辦？所以我立刻打開手電筒，跑了進去。

（薩格警員問：你出去散步，為什麼還要帶手電筒？）

帶手電筒是我的習慣，就像薩格警員您出門喜歡帶手銬一樣嘛！總而言之，我走進去時，在大廳看見一位留著滿臉鬍子的老人，身上穿著厚重的袍子，這種見鬼的大氣，他竟然一滴汗也沒流，就站在展示櫃前喃喃自語。

難道是小偷？我接近他，他說了好長的一段話，什麼地球在轉動呀，什麼金星會虧錢啦之類的。

（書記官註，應該是金星有盈虧現象）

我想，反正他既沒受傷，更沒生病，我還是出去找間小酒館，再去喝上一杯。

我想走時，老人卻動手想打開那些櫥櫃，我急忙拉住他，哎呀，他的手真冰：「你瘋啦，這是博物館裡的收藏品，是古董呀。」

「什麼收藏品，這全是我做的！」

我看他神智真是有些不清了：「好啊，如果是你做的，你告訴我，」我隨手指著這個（證物一）的東西問他：「這是什麼？」

「這是鐘擺時鐘，我做賣脖機的時候想到的。」

「賣脖機？賣脖子還要機器？」

老人搖搖頭：「不是賣脖機，是脈搏計，計算脈搏。有一回我在教堂聽傳道，那個神父口齒不清，鄉音又重，我無聊到東張西望，恰好看到教堂的吊燈被風一吹，你猜怎麼了？」

「吊燈掉下來？」

老人很生氣：「不是！我發現，不管那個吊燈擺得快、擺得慢，總而言之，它來回的時間竟然都一樣，後來我做了很多實驗，如果使用的繩索長度、材質不變，只改變擺錘的重量，則鐘擺的週期不會變；但是只要用不同長度的繩索，擺動的時間就會跟長度的平方根成正比，你懂了嗎？」

我當然聽不懂，真是個老瘋子。

「我按著脈搏，數時間，世界上第一臺脈搏計就這樣設計出來了。」

他的脈搏計布滿了灰塵：「好吧，那你的賣脖機能做什麼呢？」

老人糾正我：「它可以計算時間，有了它，看時間就簡單多了。」

哈，一講到時間，我把手錶秀給他看：「這是卡西歐的電子錶，夜間有冷光，還可以當碼錶，比你的賣脖子機好用一百倍。」

我指著另一邊像長型萬花筒的東西（證物二）問：「那這個呢？」

老人撫摸著它，露出得意的笑容：「望遠鏡，你沒見過吧？」

「真好笑，誰沒見過望遠鏡？我去賞鳥都帶雙筒望遠鏡。」

「雙筒的？那你改天拿來借我看看。」老人說：「望遠鏡原來是荷蘭人先發明，可是根本沒辦法對焦，是我重新算出凹透鏡和凸透鏡間的距離，把它改良好，終於發現了一個天大地大的祕密！」

「是什麼？」

「月球呀，月球的表面根本不是光滑的，亞里斯多德他錯了，在月球的表面，有坑坑洞洞，有高山，有裂縫，月球上的山，有的比地球上最高的山都還要高。」

「月球？」這老先生真是昏了頭。「我不認識亞里斯多德先生，你跟他有誤會是你們的事，至於月球，早在幾十年前，就有幾個吃太多漢堡，閒閒沒事做的美國人搭火箭上去過了。」

「真的嗎？」他激動的扯著我：「我就說，亞里斯多德是錯的！」

「他錯了，你找他理論嘛，別拉著我的襯衫，這是我唯一一件粉紅色的襯衫，義大利手工名牌……」

「他……」老人氣急敗壞說：「他都死了一千多年了。」

「那你幹麼跟個死了一千多年的人生氣呢？」

「不是我愛計較，是教會，羅馬天主教會那群人，他們只相信亞里斯多德說的話。亞里斯多德說，地球是世界的中心，所有的星球都繞著地球轉，他們就深信不疑，可是我自己用望遠鏡發現金星的盈虧，木星的衛星繞著木星打轉，一切的一切都證明，哥白尼說的才是對的——太陽才是中心，大家都繞著太陽轉呀。」

「那你跟他們解釋清楚不就得了。」

他氣得把臉拉成兩倍長：「宗教法庭的人不·聽·我·解·釋。亞里斯多德說，重的東西掉落的速度要比輕的東西快，東西越重，掉得越快。」

「不是嗎？」

「當然不是，亞里斯多德只用冥想去推理，那不叫科學，科學要驗證，我還爬到比薩斜塔，同時把一樣大的鐵球和木球丟下來。」

「鐵球先掉下來。」我猜。

他的眼睛變成鯨魚眼啦。「不是，是同時抵達，現場幾百個人都看到了，卻沒人敢說真話，他們都說我在實驗裡動了手腳，亞里斯多德才是對的。」

這老頭實在不可思議，既然大家都不信，他又何必堅持。「那你就別管了嘛！」

「我不服氣，宗教是宗教，科學是科學，我相信上帝，可是我也相信我的眼睛。亞里斯多德說，宇宙是靜止的，星星的數目是一千零二十七顆，絕不會有增減。可是，我在一六〇四年發現一顆新星，就算亞里斯多德再偉大，也會有錯的時候嘛。宗教法庭竟然說這是異端邪說，判我有罪，把我關在這裡。」

「關在博物館裡？你關在這裡多久了？」

老人搖著頭：「不曉得，反正這裡的時間有時快，有時慢，這世界怎麼這麼怪，就沒人去查一查，去實驗一下。我真恨，如果亞里斯多德能重返這個世界，我相信他會接受我的反駁，會在他的信奉者中選擇並接納我，而不是那群盲目崇信並將他奉為真理的人；那些人只知道剽竊他著作中表面的意念，根本不曾進入他的思想核心。鐵證如山，就像我曾在比薩斜塔上做的實驗！」

比薩斜塔，鐵球實驗，我突然想起來他是誰了：「你是伽利略對不對？可是，你都死了快四百年！」

「我死了？四百年？」

「沒錯沒錯，」我打開手機，連上網，找到他的生平：「一九九二年，天主教會正式修正地球不動的觀點，並且承認當年對你的審判是個錯誤。」

「教宗承認錯誤？」

「對呀，你早就獲得平反了，雖然你已經變成鬼了！」天哪，我竟然在對著一個鬼說話。

「我是鬼，我是鬼！」這個古老的鬼魂竟然好高興：「太好了，我可以去找亞里斯多德，好好跟他辯一辯，到底是地球繞太陽轉呢，還是太陽繞著地球轉。」

警官，這個老先生太高興了，喔，不對，是這個古老的鬼魂太高興了，就把他那些望遠鏡啦，賣脖機啦，全都堆到我手上，說是要留給我做紀念品。我還能怎麼辦？我是個有禮貌又誠實的好人，雖然他一直想送給我，可是我怎麼能拿呢？

薩格警員進來時，我正想把東西放回原位，真的！不信，你們可以問問伽利略古老的鬼魂，什麼？你們沒看見嗎？他不就正站在書記官您的背後，還在朝您眨眼睛呢！

行政院新聞局登記證
少年報第三號

元氣早報

閱讀性向測驗

伽利略有以下發明與發現，你最欣賞哪一項？

a 改良望遠鏡
b 觀察到金星的盈虧
c 駁斥支持地心說
d 提出自由落體定律

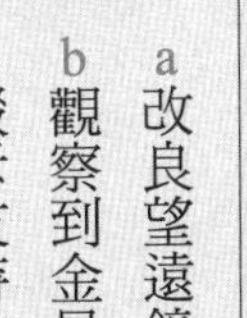

跟著伽利略遊比薩

焦點新聞【本報記者小吉綜合報導】

伽利略爺爺（的鬼魂）自從發現自己已經在一九九二年獲得平反之後，終於放寬心胸，除了偶爾去找宿敵亞里斯多德鬥鬥嘴之外，也很樂意做點國民外交，帶著遠道而來的記者在他的故鄉到處玩耍，噢不，是學習之旅。以下為本報記者的學習心得報告：

比薩斜塔從西元一一七三年開始建造，一三七二年終於完工。原本是要直立站好，卻因地基不均勻和土質鬆軟，漸漸向東南傾斜。大概是因為歪得很特別，又對義大利十一到十三世紀的建築有重大影響，所以被聯合國教科文組織評為世界遺產，真是因禍得福呀（拍手）。

這座上了年紀的塔，在一九九〇年經歷十二年的關閉修繕，才再度擁抱關心它的人們，聽說這次扶正的功夫，可以讓老塔繼續站立三百年之久，屹立不搖。

◎番外篇：電影「超人3」裡，有個邪惡超人，他的惡行就是把比薩斜塔扶正，讓大家驚呼連連：「這就不是我們認識的斜塔了呀！」，還好我們還有位正牌超人，他立刻出馬將塔推到原本傾斜的角度，挽救了斜塔的名譽。

今日人物

伽利略

非常任務——

舉證駁斥地心說，換來終生監禁的判決

伽利略大事紀——

1564 出生於義大利比薩
1589 任教於比薩大學
1590 於比薩斜塔舉行自由落體實驗
1592 於帕多瓦大學任教
1604 發現一顆新星
1610 發現木星的其中三個衛星，出版《星際信使》一書
1615 遭受羅馬宗教法庭傳訊
1633 被羅馬教廷裁判所判處終生監禁
1642 病逝
1992 天主教教會修正天動說觀點，承認當年對伽利略做出錯誤審判

· 選 a 的人→具敏銳觀察力，適合閱讀＜徐霞客＞ p.108
· 選 b 的人→能從不同的角度看世界，適合閱讀＜羅丹＞ p.16
· 選 c 的人→具有力排眾議的勇氣，適合閱讀＜史蒂夫．賈伯斯＞ p.204
· 選 d 的人→具有實證精神，適合閱讀＜吳健雄＞ p.131

Wu Pao Chun ●●●

世界冠軍麵包裡的故事

■ 陳雅慧

吳寶春

1969-

一個窮鄉僻壤來的孩子，只有國中學歷，認識的國字不超過五百個，一斤等於十六兩都搞不清楚！為了讓母親過好日子，他立志成功。藉由跨領域、持續的學習，如今他在法國揚眉吐氣，贏得世界麵包冠軍！

二〇一〇年三月，來自臺灣的吳寶春打敗歐、美、日頂尖的麵包師傅，拿下世界盃麵包大賽①個人冠軍。只有國中畢業、沒吃過法國麵包的吳寶春，卻連續兩次在法國比賽奪冠，創下了烘焙業的傳奇。

吳寶春出生在屏東鄉下，是家中八個小孩的老么。十二歲時，父親過世，家中生計全靠母親一人。國中以前的吳寶春不喜歡讀書、討厭上學。總是放牛班裡的最後一名，國中畢業時還認不到五百個國字。

因為不知求學的意義何在，國中畢業後就北上當麵包學徒，才發現「沒讀冊」讓他吃足苦頭。

在他的自傳《柔軟成就不凡》中有則小故事：初到臺北的吳寶春是一三八公分高的鄉下「細漢仔」。剛當小學徒時，師傅要他秤一百兩的糖，他拿著吊秤，專心看著細細的格子，一格一格從一數起。

師傅破口大罵：「你這麼笨喔！不知道一百兩是六斤四兩？」

「細漢仔」愣住了，因為沒有把書讀好，他真的不知道一斤就是十六兩。

一直以來，吳寶春內在有著強烈的驅力希望可以成功、出人頭地，讓母親不必再過苦日子。他以為不升學、當學徒就可以不必學習；因為自己不怕苦，但怕讀書。沒想到，當學徒還是得學習，而且，這種學習一點也不比讀書輕鬆。

身邊的貴人們

當兵時，為了突破瓶頸，吳寶春才開始認真「讀書識字」。服役期間，他一邊看電視，一邊看字幕認字。有不懂的地方，就去問那些有讀書的大學同袍。他最喜歡讀商業、勵志的書。讀同袍案頭上杜斯妥也夫斯基的《罪與罰》，讓他首次感受到心靈的戰慄，閱讀讓他彷彿長出一對得以高飛的雙翼。

帶領他進入更高境界的貴人陳撫光，教吳寶春「品味」。陳撫光熱愛美食和美好事物，他給從來不知何謂精緻生活，下班後只想去海產攤、土雞城的吳寶春當頭棒喝：「你的麵包不好吃」。

陳撫光帶著吳寶春嚐美食、品酒，更建議他到臺北亞都飯店住三天，把飯店裡的餐廳都吃遍。讓他知道什麼叫做「好吃」。

學習欲望強烈的吳寶春為了看懂日文烘焙書去學日文，又幫進口食材的廠商研發產品，換得廠商免費讓他到日本進修。日本進修解開他學習烘焙的困惑，靠「感覺」傳承的臺灣烘焙技術，有太多的失真：「原來十幾年來，我都用錯的方法做麵包！」吳寶春真正體會到烘焙的藝術和深奧。

靠著自學，吳寶春從國中畢業的半文盲，到眾人矚目的世界冠軍。深深體會學習的挫折與樂趣，吳寶春希望自己未來無私的傳承，投入臺灣烘焙的教育與創新，能提升臺灣烘焙業的國際競爭力。

請聽熱情的寶春師傅，娓娓道來他的學習和成長之路：

得獎第一個想到母親。母親對我影響非常深，在貧困家庭長大，母親一個人養八個小孩，這麼苦，她都不放棄。她知道自己不能不工作，小時候常聽到鄰居的阿姨、叔叔說：「你媽今天身體不舒服，去雜貨店買了康貝特，又去工作了。」

還有一個畫面讓我記憶深刻，當兵時有次抽空回家看媽媽，母親出去工作回來洗完澡，正準備吃飯。我看到桌上只剩下魚頭，只有魚頭和飯，那魚頭大概不只吃一天了。我霎時淚流滿面，轉身快說：「我回去了！」那時我身上只有回營區的錢。我對自己說，當兵回來後，不要再讓母親辛苦的去工作。

預演世界冠軍的工作態度

我因為學做麵包才知道學習的重要。因為做麵包必須會數學，也因為做麵包，我才去學日文……更重要的是，跨領域的學習。

其實小時候，我很會逃避，但長大後發現逃避反而更痛苦。比方說我發現自己因為沒讀書，既沒知識也沒常識，才開始學認字和閱讀。

我心裡一直想要成功，所以想知道成功的人是怎麼做到的。於是我開始讀傳記，從中去觀察、去學。

傳統的麵包師傅都是技術導向。但是麵包師傅要提升能力，不只要學專業技術，還要學美學，比方說蔬菜怎麼搭配才能好看又好吃，食材間味道的和諧等，都和美學及想像力有關。若無法想像，就無法形成畫面，但要有想像的能量，必須靠學習來補充。

麵包是我的專業，但如何讓我的專業更豐富、更精采，就必須學習廚藝、美術、音樂、品嚐美食、品酒等。我也曾經為了學習如何發酵老麵，而去研究微生物。在臺灣結合微生物和烘焙的書很少，所以我就去看日文的書。

當我學習越多，瓶頸就越少；學習越多，我的失敗也越少。我把失敗當智慧的累積、當考驗。跟媽媽一樣，我從來不怨天尤人。我會自我反省，就算學習過程遍體鱗傷，我都會站起來繼續努力。

準備到兩百分

這次出國比賽前，我就已經宣告要把冠軍拿回來。我以世界冠軍為目標，所以我做的事情就以世界冠軍為標準：冠軍現在應該是在看書，不是看電視；冠軍現在應該在練習，不是在睡覺……我準備好了，準備到兩百分，已經熟能生巧。就算最後我失敗，過程中也學到很多，技術也成長。

準備到兩百分的意思是，比賽項目都準備好，也都會做，且能準時完成。然後，我會給自己出狀況題。比方說，萬一我手受傷怎麼辦？萬一機器出問題怎麼辦？若蒸氣烤箱壞掉？沒有我熟悉的材料？考試不管人為或機器出狀況，參賽者就是要在八小時內做出來。

二〇〇八年第一次去法國比賽前，我沒去過法國，也沒有吃過法國人做的法國麵包。賽前，有點懷疑自己做的麵包是不是對的？比賽當場，我覺得自己做的法國麵包和道地的法國麵包味道差不多，但我的外形更漂亮。

我到日本去學習，學的時候把自己歸零，用朝聖和海綿的心態，回來後，把師傅的技術澈底練習，然後烙印在我的腦海裡，變成我自己的東西。再去挑戰這個師傅的技術，不是背棄，而是要做得更好。

冠軍只是當下，學習才是永遠，不斷學習才會不斷成長。我不希望臺灣烘焙業只是曇花一現，未來要著重烘焙的教育。現在我在高雄餐飲學校教課，希望培育和引發烘焙業的創新，提升烘焙業在臺灣的地位。我想要做的是麵包藝術家。

未來我想著重培育人才，我教一個老師，老師可以教一、兩百個學生，這樣才會快。我不希望徒弟和臺灣的烘焙業，跟我以前一樣，那麼辛苦。我們要走入國際，就要跳脫以前。要讓臺灣的烘焙有國際競爭能力，我們應該往前看。

有時候，想到我經歷過的苦日子，便當裡沒有菜，只有白飯；衣服都只能撿別人剩下的穿，不是太長就是太短。現在成為世界冠軍，揚眉吐氣，我自己其實都覺得滿感動的。

拿下世界盃麵包大賽冠軍後，這位「世界第一」的麵包大師表示，他的下一步，是在臺灣四處教學，培養出更多的吳寶春，並接著挑戰臺灣麵包的技術源頭國家——日本。

——原載《親子天下》第十一期，二〇一〇年四月五日出刊

① 即 Bakery World Cup。

行政院新聞局登記證
少年報第四號

元氣早報

閱讀性向測驗

吳寶春最拿手的麵包中，你最想要吃哪一種？

a 法國長棍麵包
b 小蝴蝶麵包
c 米釀荔香玫瑰麵包
d 酒釀桂圓麵包

焦點新聞【本報記者小吉綜合報導】

寶春哲學之道

吳寶春師傅尚未奪冠之前，曾向二〇〇二年的冠軍團體請益，對方告訴他要練就要練到一百五十分，不是一百分。

他聽了恍然大悟：原來要贏過這些人，就要準備到兩百分才夠！

記者想當年，總是怪罪老師為何差一分卻不給及格，現在才領悟到原來是「態度」決定了一切。

就像寶春師傅談到做麵包的溫度：「差一度就是天堂與地獄的差別」，「差一分」其實也同樣有天壤之別呢。

小龍眼立大功

二〇〇八年搶下世界盃亞軍的「酒釀桂圓麵包」中的龍眼，在世界盃麵包大賽中搶盡鋒頭，讓外國美食家嘖嘖稱奇，吳寶春使用臺南東山的煙燻龍眼，這是臺灣人再熟悉不過的滋味，也是寶春師傅小時候，母親每年冬至都會做的桂圓糯米糕中不可或缺的幸福好味道。

桂圓原產於中國南方，古人把形狀圓滾滾的桂圓比喻成眼睛，大的叫龍眼，中的叫虎眼，小的叫鬼眼，不過現代人，只管它叫做龍眼囉。

今日人物

吳寶春

非常任務——
勇奪世界盃麵包大賽冠軍

吳寶春大事紀——

1969 出生於臺灣屏東
1984 赴臺北做麵包學徒
2005 組隊參加「樂斯福麵包大賽」，獲臺灣盃第一名、亞洲盃第一名、冠軍盃第二名
2007 獲亞洲盃麵包大賽冠軍
2008 獲世界盃麵包大賽亞軍
2010 獲世界盃麵包大賽冠軍
2010 在高雄開設第一家「吳寶春麥方店」
2016 獲新加坡國立大學商學院碩士學位
2021 開設線上烘焙課程
2022 與臺南崑山科技大學合作烘焙學院品牌

· 選 a 的人→個性樸實無華，適合閱讀＜林義傑＞ p.226
· 選 b 的人→渴望自由飛翔，適合閱讀＜許芳宜＞ p.237
· 選 c 的人→喜歡新鮮美麗的事物，適合閱讀＜吳季剛＞ p.192
· 選 d 的人→早熟有主見，適合閱讀＜鄭板橋＞ p.119

我創造……

I Create

Ang Lee

真誠的心
感動世界

■ 蘇育琪

李安
1954-

李安給人的印象，溫文和煦。但他走過的成長路，顛簸崎嶇。高峰深谷間起落，李安到過許多人跡罕至的人性角落。他對生命的體悟，令人低迴。他對人性的同情，悲憫寬容。千山萬水走過，他深刻體驗到：真誠面對自己，越艱困越要追尋本心。真誠面對人性，就算遺憾也令人感動。

五月初的紐約街頭，春寒料峭。電影導演李安從一個午餐會議，匆匆趕回紐約大學附近的 Focus 公司辦公室。新片《胡士托風波》正緊鑼密鼓的展開，這已經是李安今天第四個行程了。他的臉上略有倦意，卻非常認真、專注的回答每一個問題。要換到另一間辦公室續談，看訪客忙亂的收拾一堆器材，李安很自然的幫忙拿起好幾樣，兩手滿滿一路爬樓梯過走道。臨行前，請李安簽書，他慎重的說，這要用黑色簽字筆。寫好後，正要闔上書頁，想了想，又再拿回來，添了「保重！」然後遞出書，拍拍訪客的肩膀，笑容中帶著鼓勵，「跑這趟辛苦了。」

「我希望自己是個好人。」被問到他最重要的人格特質時，李安笑著說，有點不好意思。在許多人的印象裡，這一款質樸真誠、李安式的笑容，揮之不去，十分難忘。不管是李安的人，還是他的電影，最大的魅力，就是真誠。

「真誠的面對人性……真誠的面對自己，」兩小時的訪談裡，李安一再強調，用他溫和卻堅定的語氣：「你勇敢、願意真誠面對，會開拓出很多空間、很多思路。當在做這樣的開放時，那個能量會影響到你的觀眾，他會跟著進來。」

人生的春夏秋冬都經過，李安對人性的諸多面向，有刻骨銘心的體驗。

因家庭的遷徙，小學起就經歷文化衝擊，在外省中原文化和日式本省文化間尋求平衡。自小是家中最受寵愛與期待的長子，卻連續兩次大學聯考落榜，無顏面對擔任高中校長的父親。在藝專找到舞臺與信心，一路擔任男主角，還曾獲大專話劇比賽最佳男主角獎。赴美留學時，卻因語言問題，只能演默劇或小配角。專心朝電影導演發展後，找到最適合自己的表現方式，畢業作在紐約大學影展得了最佳影片與最佳導演兩個獎，美國三大經紀公司之一的威廉·莫瑞斯當場要與他簽約，沒想到在美國一留就是六年，卻是一部片子也拍不成。

戲裡戲外兩個李安

眾人無法想像，三十好幾、有妻有子的男子，如何能熬過六年失業在家的日子，而不認賠殺出。李安卻說：「這是我要做、是我愛做的事情，毫無反悔。我不會說這把我撒錯地方，我後悔，從來不會。」

找到自己的興趣，追求自己的夢想，不斷學習成長，這個小學生都會作文的基本道理，卻極少人能像李安一樣，用全部的生命來孤注一擲。這樣的篤定，來自真誠的面對自己。「我一直知道我要什麼，其實很簡單，就是一部接一部拍，然後適應，然後從生命裡面學習。」

從生命裡學到的深刻功課，李安直接、間接透過銀幕傳達出去，觸動觀眾內心深處相同的情感。「拍電影是很真切的體驗，裡面有我許多掙扎。」李安曾說。許多看過李安的父親三部曲——《推手》、《喜宴》、《飲食男女》的觀眾表示，這些電影，幫助他們面對與家人間的複雜情緒，用愛與勇氣進行對話與溝通。

也因為高峰、低谷間來回擺盪過，李安看人性的掙扎，有著很大的同情。「我大概很適合跑到另外一個人的身上，這跟同情心有關。同情心不是可憐，是相同感情的意思。」他厭惡權威，厭惡用集體的、制式的、是非黑白的模子去簡化、判斷人性，「或者用一個很簡化、符號性的東西去凝聚力量。有那種力量，我就要想辦法把它打散，把它解構掉，」李安表示，解構之後，透過檢討、溝通，「彼此了解，就不會那麼劍拔弩張。」

因此，李安的電影，經常採取違反常規的角度：從南軍的角度看南北戰爭（《與魔鬼共騎》）、剖析「超級英雄」的父子情結與心理創傷（《綠巨人浩克》）、從恐懼的角度塑造漢奸（《色，戒》）、大俠也在倫理與欲望間掙扎（《臥虎藏龍》）。

很難想像，這麼一位處理複雜議題，直指人性深處的大導演，面對現實生活，卻束手無策，「很容易被騙，」說起因人老實、臉皮薄，不會拒絕人，而有無數被騙的經驗，李安笑著說自己是「不太有用的那麼一個人。」

但一進入電影世界，李安卻是千軍萬馬，指揮若定。他和在英國劍橋大學主修英國文學的艾瑪．湯普遜，合作英國文學片《理性與感性》，贏得她的尊敬；他導演安妮．普洛的《斷背山》，讓這位以深刻描寫美國西部文化著稱的作家，極度推崇；他和武打片大師袁和平合作《臥虎藏龍》，拍出意韻深遠的武俠片。

戲裡戲外，怎麼有這麼大的差別？

答案還是回到李安的本心——他所有的注意力都在電影上，電影之外，他不浪費心力，「人就會鬆散、不專心，就會注意力不集中。」李安解釋。

求真求準不妥協

電影世界裡的李安，要求精準，不輕易妥協。是不是好人已經不重要，而是要領著武林高手，精準傳達複雜深刻的人性。

他不但要求演員情感表達得細緻深刻，就連最小的道具、布景都不放過。作家龍應台曾經為文讚嘆過李安拍《色，戒》：「以『人類學家』的求證精神和『歷史學家』的精準態度去『落實』張愛玲的小說。」文章中提及，戲裡所有的尺寸都是真的，包括三輪車的牌照和上面的號碼。街上兩排法國梧桐是一棵一棵種下去的，還特別訂做了一部真的電車。

這種求真、求準的精神，極度磨人。經常在挑戰工作人員的極限，但也激出了驚人的成長與超越。

《十年一覺電影夢》裡，李安生動的描寫他和人稱「八爺」的袁和平，如何「相互刺激，天天就這樣折騰」。李安要求編招時要「把角色個性融入動作」，「打鬥中得有故事，不能乾打」。李安的許多要求，常讓袁和平做得礙手礙腳，長吁短嘆，一些動作無法做到也很沮喪。但整個武術班底仍不斷實驗，拚命嘗試，激發出很多新做法，終於拍出經典的竹林追打戲，達到李安要求的「打出一種『意境』」。

不過，還是經常有用盡力氣，仍做不出來的情況。袁和平最常掛在嘴上的一句話就是：「電影是遺憾的藝術。」

何止電影，對李安而言，人生本來就有太多無可奈何的遺憾。「人盡力了，還委屈。人盡了力量，事情還不行。」是最令李安感動的。因此，他電影裡的很多主角，像李慕白（《臥虎藏龍》）和王佳芝（《色，戒》），都很賣力。但因內在、外在的種種因素，事情做不成。但他們都盡力了，甚至付出自己的性命。

帶著悲憫的眼光看這一幕幕，李安以愛作為最後的救贖。戲的末尾，玉嬌龍拚了命為李慕白找解藥、易先生坐在王佳芝的床上流淚。「（愛的）本質可能是一團霧，摸不清楚。可是你的需求、當你感受到的時候，那是很人性的感覺，這個我是很肯定的，也一直是我不會放棄的。」李安說。

導戲，更導演人生

李安導演的，不只是戲，而是人生。引領觀眾走進人性的細緻幽微之處。李安彷彿具有一種獨特的穿透力，可以自由進出東西文化、古今題材、性別角色、電影類型……。

「我的出身老是在漂泊，我們外省人到臺灣，適應這裡，然後到美國又適應美國……我遊走過很多的地方，在中間發現很多東西，」李安強調，歷史為臺灣帶來多元文化的沃土，是很寶貴的資產及優勢，千萬不要輕易拋棄，「文化這種東西，要維護很困難，要不爽把它丟掉，很快，一斷層就沒有了。」

因此，李安有很強烈的使命感。身為歷史交接的這一代，「我覺得我有責任，要留下一些東西，」李安說：「這是策動我做國片一個滿重要的動力。」

李安希望透過電影，為下一代留下可以回溯歷史的影像。更希望透過電影探討議題，促進溝通。

「人要做深層的溝通，才會感覺到愛。」李安強調：「電影應該是一個provocation

（刺激），不是一個statement（宣言）。真正好的電影，是一個刺激想像跟情感的東西，刺激大家討論。」

李安說話，和他的電影一樣，引人深思又有撫慰的力量。然而，再精采的戲，終有散場的時候。他笑著說再見，招牌的酒窩更深了。其實，這不是酒窩，而是小時候被狗咬留下的傷疤。

如果電影是遺憾的藝術，那現實人生應是面對遺憾的藝術。真誠的笑容，能讓傷痕變酒窩。真誠的面對人性，就讓遺憾還諸天地。

——原載《天下雜誌》第四〇〇期，二〇〇八年七月二日出刊

行政院新聞局登記證
少年報第五號

元氣早報

閱讀性向測驗

李安的電影當中，你最喜歡哪一部？

a《臥虎藏龍》
b《斷背山》
c《飲食男女》
d《胡士托風波》

我發誓，我會永遠純真

焦點新聞【本報記者小吉綜合報導】

李安作品《色，戒》探討純真的喪失與信仰的動搖；而《胡士托風波》則是緬懷一去不復返的純真年代。純真到底是什麼？

李安的《胡士托風波》描繪的，就是純真而樂觀的一代，對上一代的世故、服從與現實不屑一顧，他們相信「愛與和平」，他們相信用音樂能改變世界。

一九六九年八月，越戰爆發前夕，五十萬熱血年輕人，湧入美國紐約州小鎮貝塞爾，參與胡士托音樂節（Woodstock Music and Art Fair）。在短短的四天內，他們以自己的方式創造了一個烏托邦，大聲唱出對世界與全人類的愛。

你覺得搖滾樂很帥氣，或是很傻氣嗎？那股熱血精神與不顧一切的勇氣，就是從這裡開始的。

純真是什麼？套用童話故事的邏輯，那是只要你相信，就存在，就會生生不息的玩意。

非常任務——
獲頒奧斯卡最佳外語片之臺灣導演

今日人物
李安

李安大事紀——

1954 出生於臺灣屏東
1973 進入臺灣國立藝專（今國立臺灣藝術大學）
1979 進入美國伊利諾大學戲劇系導演組
1980 進入美國紐約大學電影製作研究所
1991 拍攝第一部電影劇情片《推手》
1993 《囍宴》獲柏林影展最佳影片
1994 《飲食男女》獲亞太影展最佳影片
1995 《理性與感性》獲柏林影展、金球獎最佳影片
2000 《臥虎藏龍》獲奧斯卡金像獎
2005 《斷背山》獲奧斯卡金像獎最佳導演獎
2007 《色，戒》獲威尼斯影展最佳影片
2013 《少年Pi的奇幻漂流》二獲奧斯卡金像獎最佳導演獎
2021 獲英國電影學院終身成就獎

· 選 a 的人→有絕佳正義感，適合閱讀＜鄭板橋＞p.119
· 選 b 的人→有纖細溫柔的心，適合閱讀＜吳季剛＞p.192
· 選 c 的人→有靈敏的感官知覺，適合閱讀＜鹿野忠雄＞p.152
· 選 d 的人→嚮往自由、愛好和平，適合閱讀＜甘地＞p.27

Jay Chou

●●●

東風不破，震動所有為音樂而熱切的心

■ 馬岳琳

周杰倫

1979-

臺北，幼兒園，三十個小朋友，一個挨著一個，手舞足蹈練習著母親節要唱給媽媽的禮物，〈聽媽媽的話〉：「聽媽媽的話　別讓她受傷　想快快長大　才能保護她」。

北京，工人體育館，六萬人，許多站上座椅，跟著演唱會上刻意咬字清楚的主角搖晃，「菊花殘　滿地傷　妳的笑容已泛黃　花落人斷腸　我心事靜靜躺」。

濟南，實驗中學，四、五個學生邊討論邊慶幸，山東省全省高考語文考題中出現：「素胚勾勒出青花　筆鋒濃轉淡　瓶身描繪的牡丹　一如妳初妝」、「色白花青的錦鯉　躍然於碗底」，還好那首「青花瓷」的歌早聽得滾瓜爛熟，否則可真要「『試紙』上走筆至此擱一半」了。

首爾，中央戲院，〈不能說的祕密〉電影首映會，韓國媒體竊竊私語：「為什麼我們沒有像這樣又導、又演、又譜曲、又演唱的全方位創作型藝人？」

東京，日本流行樂壇指標武道館，近萬歌迷揮舞著雙手，跟著他「快使用雙截棍　哼哼哈兮……　是誰在練太極　風生水起」；還來不及慶祝成功進軍這亞洲屬一屬二難度高的日本音樂市場，他主演的電影《功夫灌籃》已在上映短短八天後，全亞洲票房就破了五億。

往南，新加坡、吉隆坡、曼谷，年輕人為了理解「妳髮如雪　淒美了離別　我焚香感動了誰　邀明月　讓回憶皎潔　愛在月光下完美」，在網路上瘋狂搜尋學中文的軟體，最後乾脆架起網站，和同好一起練歌學中文。

讓「滿城盡吹中國風」

這些年來，華語流行音樂的主旋律是周杰倫。「亞洲天王」的封號，則象徵他在娛樂界的全面影響力。周杰倫的專輯在全亞洲銷量動輒兩、三百萬，得過亞洲各地各式各樣、不計其數的金曲獎；拍了多部電影，其中自導自演的《不能說的祕密》，讓他和李安一起入圍金馬獎「年度臺灣傑出電影工作者」，最後還抱回了年度臺灣傑出電影獎項。

曾經在光碟燒錄、MP3下載張狂的年代，高中生會堅持買他的原版CD，只因為「要支持他繼續做音樂」；在西洋音樂強勢、日韓音樂充斥的時刻，他和作詞搭檔方文山卻有本事變化曲風、精鍊詞藻，讓「滿城盡吹中國風」。

在他快節奏的RAP曲風下，所有人甘於瞇起眼細讀共有四百四十四個字的〈無雙〉：「聽我說武功　無法高過寺院的鐘　禪定的風　靜如水的松」；在他抒情慢板的二胡小調中，人們豎起耳傾聽「誰在用琵琶彈奏　一曲東風破」，彷彿自己人生中那個荒煙蔓草的年頭，都得到了些許安慰。

要細數周杰倫在當今樂壇上的強烈個人風格，已經有研究生以他為題寫了一本論文叫《周杰倫現象》；他的一舉一動總是登上媒體娛樂新聞頭條，給人的印象不外乎音樂很屌、個性很酷、十分孝順、緋聞無邊。

但實際上的周杰倫呢？他的本事何來？他的本心何在？

在杰威爾嶄新的辦公室裡，周杰倫剛從代言的手機品牌新機發表會上「晃」進來，他走到同事們的桌邊東看看西問問，難怪「周董」的綽號一直沒變。

好勝的心苛求完美

他的皮膚很好，額前的瀏海變得比從前短，讓人可以清楚看到他的眼睛，當他手上拿起籃球把玩，整個人的線條也輕鬆起來。他說他喜歡人家稱呼他「導演」，覺得自己最大的優點是「創造力」、缺點是「沒耐性」，要他用一句話形容自己，他想了好一會兒，吐出「好勝」兩個字。

關於他的好勝心，身邊的人都有深刻體認。半夜兩點上完通告，他收工後不是回家休息，而是繼續回到剪接室剪帶子；深夜從海外飛回臺灣，仍然跑到編曲老師家樓下，買了飲料上樓繼續討論編曲，第二天早上依舊進錄音室錄音。

他對工作的激情能夠掩蓋他的疲憊，「你甚至會被感染，願意跟他去辛苦，因為你感受到他在與你分享他的夢！」長期合作的化妝師杜國彰說，那股對作品完美的執著，讓人不得不佩服他的成功其來有自。

周杰倫對自己的音樂苛求完美，拍戲時則是擔心別人不好意思苛求自己。拍攝《滿城盡帶黃金甲》時，第一場戲對上的就是鞏俐，他怕導演張藝謀對他客氣，特別把在旁盯場、一樣緊張的經紀人楊峻榮叫到一旁說：「榮哥，你跟張導說一下，一定要要求我，真的可以要求我，我可以再來一次的。」

「他很拚命，每一分每一釐都很介意。」楊峻榮指出，從來沒見過那麼愛面子的人，不夠好的東西絕對不肯拿出來。從前在阿爾發、現在在杰威爾的同事們都知道，帥跟屌是周杰倫的最高指導原則，永遠只願意呈現完美的成品給別人看，無論是音樂、舞步還是小魔術，「他絕對不會讓你知道他到底在家苦練了多久！」擔任宣傳經理的張藍云說。

好勝所以成功，周杰倫除了天賦還有拚勁。他對現在的自己很有自信，可以毫不猶豫的說：「我的風格就是沒有風格，因為很多元，什麼歌都能寫。可以寫和費玉清合唱的〈千里之外〉，也可以寫給江蕙唱的〈落雨聲〉」，搖滾的、抒情的、講孝順的、諷刺狗仔的，菜色多到講不完，「我是一個貪心的藝術家，一切，全部都給你們了，不要說我沒有改變。」

要求越高，越要證明自己

談起自己的音樂，周杰倫的語調裡有一種不張揚的霸氣，人們對他的要求越高，他越要證明自己。「說我沒改變？是你們聽不出來嗎？好，來一個〈牛仔很忙〉，沒話說了吧？開始說別的，反正要說話的人總是說不完，我可以選擇聽或不聽。」周杰倫曾經很在意自己的作品能不能得獎、有沒有好評，但銷售量讓他體悟到自己的實力和幸運，「我覺得自己真的很幸運，我認為好聽的，你們也覺得好聽；我喜歡的，你們也喜歡，我不是在迎合別人，而是照自己喜歡的去做，對一個創作的人來說，這真是很難得。」

再怎麼天縱英才，每一次的創作，都還是一項全新的挑戰。周杰倫音感絕佳，在鋼琴和大提琴的底子上，其他樂器學得飛快；他對生活周遭的各種聲音皆敏感，什麼元素都可以放到歌曲裡而不顯突兀，乒乓球聲、訂便當聲全都成了周式幽默。「我看不出他有壓力，因為全都是他擅長的東西。」純粹喜歡，不用刻意，方文山解讀周杰倫在音樂上的游刃有餘。

分析自己的音樂為什麼能引起那麼多的共鳴，周杰倫從來不會忘記他的最佳拍檔方文山：「文山的歌詞真是開創了一個新的潮流，寫的內容不是很嚴肅，卻又總意味著什麼。像他寫〈髮如雪〉，什麼紛飛了離別、什麼我焚香的，剛開始我還看不太懂，但他解釋一遍，你就覺得『哇！他真是太厲害了。』」周杰倫忍不住笑說，方文山才是一路走來轉變最大的人，「他原本整個是內向到不行，但現在真正的職業是演講，大學邀他、中國也邀他，還去了北大，真是酷！」

周杰倫是個很念舊的人，不僅是方文山，身邊的錄音師、化妝師、編曲師，都是從第一張專輯起就開始合作的朋友，他相信這些人會跟著他一起成長，「所以我們這些跟他一起工作的人都戰戰兢兢，他如此挺你挺到底，我們就更要回報他。」杜國彰和周杰倫合唱了一曲〈周大俠〉，哥兒們間培養的信任，讓彼此在工作上都有了新的嘗試。

懷念單純的歲月

或許是時間美化了記憶，也或許他真的就是那麼樂觀知足，當年蜷窩在阿爾發唱片公司的小辦公室裡，不停寫歌、經常被退稿的日子，如今回想起來似乎也沒那麼艱苦。「以前最早的大樓是在通化街那邊，常去逛夜市啊，跟方文山穿著拖鞋短褲就去吃鐵板燒、撈金魚，現在經過通化街都會很想下去再看一下，但已經不知道該怎麼下去了。」周杰倫很懷念那段單純的歲月，還沒有成名，但心裡隱隱有一種踏實感，覺得自己選擇的會是一條對的路。

「那時候的壓力只有一件，就是我的歌會不會被用。方文山自己騎摩托車去送我們錄的 demo 帶，然後我們就在公司等，等到對方打電話來，多開心呀，就去通化街好好大吃一頓。」提到過去，周杰倫說了很多次「幸運」兩個字，外界覺得他那時很困頓很可憐，但他心裡想的不是自己有多苦，反而是充滿了希望，「我沒有考上大學，但我還是有工作啊，這是一個動力，我一定要把歌寫好，不要辜負我媽，證明我可以靠音樂吃飯！」想考音樂系，但連續兩屆都只通過了術科，敗在學科，講到這一段，周杰倫又把方文山拿出來講一遍。

你知道方文山以前做什麼的嗎？他幫人家裝監視器，但他會寫歌詞，也是怪咖一個，可見每個人都有隱藏的天賦。」周杰倫講起方文山當年五次投稿給阿爾發，每次都是厚厚一本上百首歌詞的行徑，特別有一種革命情感的惺惺相惜，兩人差不多時期進阿爾發，那時譜曲寫詞的有八位新人，至今只有他倆還留在歌壇。

周杰倫曾寫過一首〈紅模仿〉：「就算我站在山頂　也只不過是個平民老百姓
但我的肩膀　會有兩塊空地　那就是勇氣與毅力　我要做音樂上的皇帝」。

這個音樂上的皇帝，靠的還真是勇氣與毅力。

當年身為阿爾發總經理的楊峻榮，在聽了周杰倫唱〈可愛女人〉後驚為天人：「和聲很美，而且我聽到一種音樂的生命力，打破我對華語歌曲既有的框框。」楊峻榮欣賞這小夥子的氣質和才華，說服阿爾發的老闆吳宗憲，決定賭一把。

出第一張專輯時，除了音樂的特異，楊峻榮對周杰倫的形容是：「平凡到不行，而且還有些破碎。」平凡，是指他大學考不上，父母又離異，「他真實的背景，看起來好像有那麼多負分，但他卻能把音樂做得那麼好！」

歌壇前輩高凌風曾對楊峻榮形容，周杰倫的出現，就像從此把華語流行樂壇一分兩半，過去的都叫古典，自他之後，華語歌曲來到了新的境界，那是一個沒有框架，什麼主題、聲音、旋律都可以入樂的時代。

在楊峻榮看來，周杰倫的聲音接近於樂器，他也會刻意把聲音當樂器用，唱腔或許含糊不清，但相對的優點是不容易聽膩。「他很有勇氣去嘗試，唱著唱著就去導自己的MV，導完了MV又跑去導電影，這裡面要『很敢』才行啊。」楊峻榮認為，周杰倫從小有很多夢想，所以他寫的歌充滿畫面感，他譜完〈雙截棍〉的曲，可是直接跟準備填詞的方文山說：「文山，我這歌寫的是雙截棍喔！」

不必衣錦，還是可以返鄉

這樣畫面型的創作者，寫歌不能滿足他的夢想，就開始拍電影。「我想帶給大家歡樂，這是現在我做任何事的一個重心，拍電影，結局是好的，帶給大家希望；以前做音樂，會覺得要做很屌的，不管歌詞是什麼，只要屌就好了，但現在會多了一份以愛為出發點的心思。」某個部分的周杰倫孩子氣的不肯長大，但另一個部分的周杰倫，卻也隨著年紀開始不一樣。

「我有一種使命感，想以愛為出發點，最近剛好在寫一首歌，跟家有關，家是每個男人應該要保護的地方，它是你最安全的城堡，就算在外面沒有衣錦，但還是可以還鄉，家人永遠都會支持你、陪著你。」聽周杰倫這麼說，突然有一種莫名的感動，他說自己沒有兄弟姐妹，所以爸爸、媽媽就是家，「在外面不管受到什麼委曲，回家就好了。」

果然如楊峻榮所觀察，周杰倫對父母離異這件事承擔得滿好，沒有讓它成為自己的困難。「媽媽用了更大的愛去關懷他，他也很感恩媽媽並沒有因為單親家庭的緣故而疏忽掉他。」杜國彰認為，周杰倫很早熟，能正視父母理念不合而分開，至今跟爸爸的互動也很良好。

媽媽的一路相隨、全心支持，還有外婆的關愛，是周杰倫很大的成功動力，他總想讓媽媽、外婆以他為傲，所以他會以媽媽的名字「葉惠美」作為第四張專輯的名字，把對沒有入圍金曲獎的在意，寫進〈外婆〉一曲的歌詞裡。

可以說沒有葉惠美的殷殷栽培，今日華語歌壇將會清冷不少。

四歲半的那一年，葉惠美決定讓周杰倫開始在鋼琴老師甘博文的指導下一對一學琴，甘博文要求嚴格，只要音高、節奏、指法、樂句其中任一項彈錯，就會用尺板輕敲手指，那滋味可不好受。

為了怕被敲手指，小杰倫每回和媽媽提早到老師家樓下等上課時，都會在公園裡的座椅上隔空練習指法。「那時老師還在教別人，我其實很怕被他打，但嚴師出高徒嘛，否則我可能會很懶散；另外是怕被媽媽罵，因為如果臨時退縮說不學，我媽肯定會把我打死！」周杰倫邊說邊甩了一下右手，當年那個還不懂什麼叫做「毅力」的小男孩，在怕挨打、又怕辜負媽媽期望的心情下，曾經一次又一次的對著黑白琴鍵反覆練習。

媽媽給的天分還有愛

「他在我這兒學了快十年，一直到國中二年級，是學最久的學生。」甘博文觀察，周杰倫在學鋼琴上的恆心與成就，媽媽居功最多。周杰倫總是說，媽媽是藝術家，他的天賦都是遺傳自母親。但其實媽媽給他的不僅僅是天分，還有讓他在青少年時期安然度過父母離婚風暴的愛。

後來周杰倫出第一張專輯，周爸爸特別打電話給甘博文，說兒子出了一張CD，「我以為他是出鋼琴演奏專輯，結果周爸爸說是唱歌的，我心想，怎麼杰倫改學聲樂了？搞半天竟然是一張流行音樂！」

聽到爸爸還特別打電話給小時候的鋼琴老師講自己出第一張專輯的事，周杰倫又變回了原本那個愛面子又孩子氣的兒子，「我爸很無聊喔，他那時還去告訴所有人，我出唱片了，還叫他的學生去買，讓我覺得很糗，好像沒人買似的！」

周爸爸其實不用擔心，你的兒子挺有本事。
周杰倫，東風不破，震動所有為音樂而熱切的心。

——原載《天下雜誌》第四〇〇期，二〇〇八年七月二日出刊

行政院新聞局登記證
少年報第六號

元氣早報

閱讀性向測驗

周杰倫的歌曲當中，你最喜歡哪一首？

a 牛仔很忙
b 聽媽媽的話
c 青花瓷
d 最偉大的作品

我家周董，不只帥又屌！

焦點新聞【本報記者小吉綜合報導】

由於周董太忙，本報特別情商擁有悠久崇拜史的資深粉絲周嫂，以側面觀察這位巨星，探討「為何周董魅力無法擋」的重要課題。

記者：請問您是從哪一年開始狂愛周董的？

周嫂：大概是二〇〇一年「范特西」那張吧（羞）。

記者：是怎麼注意到他的？因為歌詞、旋律，還是帥？

周嫂：因為歌詞＋旋律＋帥呀。

記者：……（冒汗）。

周嫂：說真的啦，其實是那首〈爸我回來了〉，當時很轟動，號稱「反家暴之歌」。歌詞很真實辛辣，一下子就戳破好多社會家庭的假象，每次唱到「不要再那樣打我媽媽」的時候，心都會揪成一團。不過這也害得周爸爸很尷尬就是了，那裡面說的真的不是他呀，大家很容易把真實生活和歌曲聯想在一起呢。

記者：真的是擁有溫柔纖細心靈的創作者。

周嫂：後來周董還將一張專輯名稱命名為「葉惠美」，也就是他媽媽的名字，他說希望大家都能認識他媽媽。這也是我們周董迷人的地方之一喔，不只心思敏銳、創意無限，人酷又帥，還有一顆孝心呢！有才華之外，還很獨特、做自己，又重義氣……

記者：是是，那最後請對周董說一句心底話吧。

周嫂：謝謝你這二十多年來帶給我們的驚奇，你點亮了整個華語歌壇。我會一直看著你，期待你會變出什麼讓人猜不著的東西。

記者：謝謝您的分享。

今日人物
周杰倫

非常任務——
二十一世紀華語樂界的革命家

周杰倫大事紀——

1979 出生於臺灣臺北
1981 3歲，開始學琴
1993 14歲，父母離異
1995 16歲，首度嘗試作曲
1997 參加選秀節目
2000 推出首張同名專輯
2001 首獲金曲獎「最佳專輯獎」肯定
2007 首部自導自演電影《不能說的祕密》
2009 獲「金曲獎最佳國語男歌手」獎
2011 再獲「金曲獎最佳國語男歌手」獎，進軍好萊塢
2015 與藝人昆凌結婚

· 選 a 的人→個性直率、不拘小節，適合閱讀 <比爾．蓋茲> p.96
· 選 b 的人→富正義感、善解人意，適合閱讀 <吳寶春> p.50
· 選 c 的人→具文藝氣息、纖細易感，適合閱讀 <李安> p.60
· 選 d 的人→充滿創意，偏好衝突與融合，適合閱讀 <鄧肯> p.141

Xiao Qing Yang

●●●

讓臺灣的音樂被世界「看見」

■ 謝其濬

蕭青陽

1966-

葛萊美獎，是美國唱片界最重要的獎項之一。

每年，由美國的「錄音學院」學員，針對三十種音樂類型（包括了流行樂、爵士樂），投票決定一〇五個獎項，對於音樂工作者來說，得獎當然是很大的榮耀，不過，即使沒得獎，入圍葛萊美獎，也代表獲得了高度的肯定。

臺灣的唱片設計人蕭青陽，在唱片業工作了逾三十年，做了上千張唱片，才華和努力總算被看見，從二〇〇五年起，共創下了華人三度入圍葛萊美唱片設計類的紀錄。

這是好長、好長的一條路，蕭青陽曾經數次想要放棄，不過，最後還是選擇堅持下去，終於為自己贏得眾人的掌聲。

唱片設計師這一行，就是為唱片披上彩衣，把音樂變「好看」的工作。

當你去逛唱片行時，迅速抓住你的目光，讓你想要掏錢買下ＣＤ的包裝設計，就是唱片設計師最重要的任務。

不過，流行音樂界強調明星和偶像，在唱片的包裝上，總是以藝人為視覺的焦點，對於設計師來說，能夠發揮的空間就相當有限。但是，對於蕭青陽來說，做唱片包裝，最終還是得回歸唱片的本質，遇到堅持強調明星光環的唱片公司，難免會讓他覺得很挫折。

不過，蕭青陽始終相信，只要抱持理想，用心做好每一張唱片，好作品絕對不會人孤單。事實證明，憑著這份執著，他走出了一條屬於自己的路。

蕭青陽認為，自己天生就是要做唱片設計師的工作。

很多人做同一份工作，時間久了，難免會覺得疲倦，甚至會喪失熱情，以「做一天和尚，敲一天鐘」的心態來面對工作。

但是蕭青陽不是這樣。

即使工作多年，他仍保持著剛入行的心情，只要遇到自己特別喜歡的案子，就會一股腦投入所有的熱情，不眠不休的工作到三更半夜，甚至會做到一半，因為自己不滿意，重新再來過。

每當有人問蕭青陽，為什麼會這麼熱愛唱片設計的工作？他想了想，給了一個有趣的答案。

「因為我小時候會夢遊。」

蕭青陽小時候，家裡開了一家西點麵包店，裡頭設了麵包工廠，還請了一位南部來的麵包師傅。

每次，麵包師傅看到他，就會大聲對他說：「阿陽、阿陽，你昨暝又閣出來賴賴趖啊（你昨晚又出來到處亂跑了）！」

按照麵包師傅的形容，他經常是瞇著眼睛，恍神一般晃來晃去，遇到店中的一口水井，還會閃過，不會摔進去，經過烘麵包的鐵板，也會跨過，沒有燙傷，一路晃到大門，口中會喃喃唸著：「放我出去，放我出去！」然後才會乖乖回去睡覺。

這樣的夢遊習慣，一直持續到蕭青陽上高中。

事實上，他不但夜晚會夢遊，平日的精神也會進入一種神遊無盡的黑洞，苦思「宇宙是否有盡頭」這類的問題。

當同年齡的孩子想的是跟爸媽要零用錢去買糖果，或是何時才能打開電視看卡通，蕭青陽腦袋裡想的卻是一些非常稀奇古怪的問題。

比方說，「那消失的一粒砂，到底跑到哪裡去了？」

那粒砂，是蕭青陽童年記憶的一個難忘的畫面。

小學，他念的是新店安坑國小，二年級時就開始自己搭公車上下學。

有一天，在放學回家途中，午後的陽光照進了車窗。蕭青陽打開車窗，感覺徐徐南風吹來，於是，他將之前在地上玩耍時，手上沾留的一粒砂，調皮的往外一彈，那粒砂立刻消失在窗外的風景中。

蕭青陽坐在公車上，幾乎就要哭出來，他心裡後悔的想著：「該怎麼辦呢？我再也找不到那粒砂了！」

關於這粒砂最後消失在何方的問題，居然成為蕭青陽成長過程中，一個揮之不去的困惑。

事實上，蕭青陽的童年時代，腦袋裡便充滿了這種無解的問題，讓他不自主的陷入失神狀態。他覺得，自己的腦袋像是要爆炸了。

直到他從事唱片設計工作時，因為要思考如何呈現唱片的畫面，反而讓他沒有力氣去煩惱那些找不到答案的問題，原本的夢遊毛病也不藥而癒。

「我覺得，一定是因為走上唱片設計這條路，才救了我自己。」蕭青陽說，他的作品並沒有什麼特別值得炫耀的技巧，只不過將那些生命中曾經面對過、苦思過的問題，轉換成創作的創意來源。

做唱片設計，除了要懂視覺，當然也要對音樂有感覺。

從小，音樂就走進蕭青陽的世界，小學五年級時買了生平第一捲音樂卡帶《北海小英雄》，經常逛唱片行的他，非常喜歡被聲音圍繞的感覺。每次只要買了唱片、卡帶，就會當成寶貝珍藏，至今仍有好多專輯，連外面包裝的膠膜，都捨不得拆卜來。

設計唱片，正好結合了蕭青陽最愛的美術和音樂。

由於蕭青陽從報紙的人事廣告，發現有唱片公司徵求美術設計人員，因此正式踏上唱片設計這一行，他交出的第一張作品，則是女歌手高勝美的「聲聲慢」。

退伍後，蕭青陽便和朋友共組工作室，設計過王菲、巫啟賢、張清芳、邰正宵等知名歌手唱片，不過，大多數的時候，他的任務，就是去修整偶像歌手的大頭照，讓每張臉呈現近乎不真實的完美，無法讓他充分發揮創意。

「這是我要的人生嗎？」蕭青陽感到很迷惘。

於是，他決定當唱片界的「逃兵」，跟一起當兵的同袍王凱立，以及他姊姊王舒華，在華夏工專開了一家「三姐的店」，賣起自助餐和肉羹麵。

在店裡，蕭青陽的工作是負責煮肉羹麵和米粉。因為早上五點多，就開始做早餐的生意，因此他必須在凌晨三點就起床，以不甚熟練的廚藝，做好肉羹麵和米粉，然後一直忙到晚上，清洗完煮麵的鍋子，已經是凌晨一點了。算起來，賣麵的這段日子，蕭青陽每天只能睡三個小時，而他居然也熬了一年多。

當時，他並沒有完全放掉唱片設計的工作，偶爾還是會接到唱片公司發來的設計案，店裡沒工作時，就忙著做設計。麵店的生意雖然不錯，但是做的是學生生意，價格低而成本高，一直都是賠錢的狀態，後來，店面也收了起來。

那段日子，蕭青陽做了幾張唱片設計、到過幾家媒體當美工，也開了麵店，卻始終找不到人生的方向。

他很迷惘。不過，生命自己會尋找出路。

隨著獨立品牌唱片公司一一成立，這些新興公司比較能接受蕭青陽不追逐市場流行的想法，因此，蕭青陽為女歌手陳綺貞的專輯「讓我想一想」設計封面時，便以黑暗的色調營造出不一樣的偶像質感，這是蕭青陽重新出發後第一個轉捩點。

另外，他的設計格局，也因為原住民老歌手郭英男，開始變得很不一樣。

過去的蕭青陽，執著於讓唱片設計跳脫「明星寫真集」，讓音樂被看見，但從未想到要跳脫臺灣格局，被世界看見。

直到發生了郭英男的〈飲酒歌〉侵權事件。

一九九四年，德國搖滾樂團「謎」在〈反璞歸真〉（Return to Innocence）這首歌裡，在沒有告知的狀況下，使用了臺灣原住民歌手郭英男的歌聲，由於這首作品後來成為一九九六年奧運宣傳短片中的主題音樂，郭英男才知道自己的歌聲遭到侵權，因而引發國際訴訟。

事件發生後，蕭青陽為郭英男出版的專輯《生命之環》設計封面，他開始思考：「如郭英男這樣好的聲音，一定會被世界聽見，好的唱片設計也可以有世界的格局。」

在這張專輯裡，蕭青陽讓穿著民族服飾的郭英男站在綠油油的大草原間，閉眼傾聽大地的聲音，也彷彿是向世界發聲，當時，蕭青陽心中還有另一個聲音：「我也要向世界出發。」

好作品終究不會被埋沒，因為是第一位入圍葛萊美獎唱片設計項目的華人，蕭青陽的知名度迅速打開，用「爆紅」來形容他，似乎也不是太誇張。

他如願站上了世界的舞臺。

蕭青陽為《飄浮手風琴》、《我身騎白馬》、《甜蜜的負荷：吳晟詩誦與吳晟詩歌》三張專輯所設計的封面，先後入圍了三次葛萊美獎。

在設計《飄浮手風琴》時，蕭青陽為了呈現音樂的特色，特地跑到臺東船屋取景，等上兩、三個小時，只為了取一個景。拍攝好專輯封面的照片後，因為畫面出現許多電線桿的電線，那也花了他許多時間修除，盡力將畫面呈現到最完美。

而在《我身騎白馬》中，蕭青陽採用王寶釧騎白馬的版畫圖像，為了做好這個封面，蕭青陽與助理在圖書館中找了歷代不同畫風的「白馬」造型，再輔以「黑白、太極、中西、正反」概念，用電腦設計出結合東方文化及科技、混搭風的唱片封面。

至於《甜蜜的負荷：吳晟詩誦與吳晟詩歌》，蕭青陽在多次探訪在彰化的吳晟老師後，最後決定以樹皮和木雕進行作品包裝設計，表達了吳晟的「歷經風霜、熱愛鄉土」的特質，再度獲得葛萊美評審青睞。

從童年時期會夢遊、腦袋裝滿各種古怪問題，到踏入唱片設計、經歷漫長迷惘期等待，在二〇二三年，在他第七度入圍美國葛萊美獎時，與女兒蕭君恬以《淡蘭古道三部曲》原聲帶專輯《Beginningless Beginning》，獲得最佳唱片包裝獎，父女一齊成為「臺灣之光」。

如今的蕭青陽可以很瀟灑的說：「原來，我的時代現在才開始。」

行政院新聞局登記證
少年報第七號

元氣早報

一代又一代的甜蜜負荷

焦點新聞【本報記者小吉綜合報導】

二〇〇九年，在鬼才蕭青陽大師的巧手包裝下，臺灣詩歌漂洋過海，站上國際舞臺了！

故事的主角，除了三度入圍葛萊美獎的蕭青陽大師外，還有低調的田園詩人吳晟老師。

這位以「寫臺灣人、敘臺灣事、繪臺灣景、抒臺灣情」為創作主張的詩人，你一定不陌生。

一代又一代的臺灣學生，都讀過那首描繪親情的〈負荷〉。詩中描繪父親猶如孩子手中拋出的陀螺，轉呀轉的，將激越的豪情，轉為綿長而細密的柔情，如此傳承好幾個世代。

吳晟，生於一九四四年的臺灣農家，沒有顯赫的背景，卻深深的根植於這塊土地。

他的靈感來自兩位母親，一位是生養他的農民母親，另外一位就是大地之母。

如今他已是大家口中的「吳老」，升級當阿公的他，繼續吟誦關於這塊土地與人情的詩歌，為了孫兒孫女，也為所有臺灣的孩子。

今日人物

蕭青陽

非常任務——

七度入圍葛萊美「最佳唱片包裝設計獎」

蕭青陽大事紀——

- 1966 出生於臺灣新北市
- 1986 退伍，從事美術編輯工作
- 1989 全心投入唱片設計
- 2005 以《飄浮手風琴》首次入圍葛萊美獎
- 2007 以《我身騎白馬》二度入圍葛萊美獎
- 2009 以《甜蜜的負荷：吳晟詩誦與吳晟詩歌》三度入圍葛萊美獎
- 2011 以《故事島》四度入圍葛萊美獎
- 2019 以《祭》五度入圍葛萊美獎
- 2022 以《ZETA》六度入圍葛萊美獎
- 2023 以《Beginningless Beginning》七度入圍葛萊美獎，獲最佳唱片設計包裝獎

閱讀性向測驗

蕭青陽設計的唱片中，你最欣賞哪一張？

a 陳綺貞的〈讓我想一想〉
b 胡德夫的〈匆匆〉
c 陳建年的〈大地〉
d 吳晟的〈甜蜜的負荷〉

· 選 a 的人→氣質清新脫俗，適合閱讀＜鄧肯＞ p.141
· 選 b 的人→有豐富的生命經驗，適合閱讀＜羅丹＞ p.16
· 選 c 的人→嚮往自由與大自然，適合閱讀＜鹿野忠雄＞ p.152
· 選 d 的人→重視家庭關係，適合閱讀＜許芳宜＞ p.237

Bill Gates

比爾·蓋茲

1955-

影響全世界的電腦天才

■ 謝其濬

在美國西岸的西雅圖，據說有一座六百呎高的太空塔豪華旋轉餐廳。

如果有機會到這裡用餐，就會感覺自己像是在踩在雲端上，居高臨下的俯看著西雅圖的城市風景。這裡是西雅圖最體面的餐廳之一，經常可見上流社會的人物出入其間。

「如果你們有人能把聖經中《馬太福音》的第五章到第七章內容，全部背出來，我就請你們到太空塔餐廳聚餐。」牧師戴爾．泰勒宣布。

泰勒牧師，來自西雅圖大學社區大學公理會教堂，是位德高望重的神職人員。每學期開始，他就會要求學生背誦《馬太福音》中的這部分內容，因為這段文字很長，不容易背誦，在他多年教書經驗中，還沒幾個人能夠完整背出來。

也正因為難度不低，泰勒牧師才給學生到太空塔餐廳吃飯的「好康」獎勵。

這天，有一個男孩自信的舉起手，接受了泰勒牧師的挑戰。

「耶穌看到這許多人，就上了山，既已坐下，門徒到他跟前來，他就開口教訓他們：『虛心的人有福了！』……」

他背完了《馬太福音》的第五章到第七章內容，清清楚楚，一字不漏。

男孩的名字叫作比爾．蓋茲。

沒錯，就是那個你應該耳熟能詳、創辦「微軟」公司、影響力遍及全世界的比爾．蓋茲。當時是一九六六年，比爾．蓋茲十一歲。

泰勒牧師很驚訝，他沒想到比爾．蓋茲居然有這麼驚人的記憶力。

「你是怎麼背下這麼長的文字？」泰勒牧師問蓋茲。

這是蓋茲的回答：「只要我竭盡全力，我就能完成任何我想做的事。」

當蓋茲終於如願登上太空塔豪華旋轉餐廳，望著窗外的夜景，心中突然湧現一個想法：「我也許要做另一種人，要創造出在另一個高度上直接跟上帝交流的另一種語言……」

兒提時代的比爾・蓋茲，腦袋裡所裝的世界，就比同年齡的孩子要來得更豐富。為什麼呢？

當然，這跟他從小生長的家庭環境有關。

比爾・蓋茲的母親瑪麗原本是個老師，比爾・蓋茲出生後，瑪麗為了專心照顧家庭，就不再到學校教書，轉換成社區服務人員工作，去西雅圖歷史和發展博物館擔任義務解說員。每次到地方學校為學生們講解本地文化和歷史時，她經常會把當時才三、四歲時的比爾蓋茲帶在身邊，讓他跟著一起聽講，因此，比爾・蓋茲很早就從母親那邊得到歷史、文化方面的薰陶。

比爾·蓋茲的父親有個大書房，擺滿了藏書，這也養成他熱愛閱讀的習慣，而且，他不像一般的孩子喜歡看漫畫、童話，而是看為成人寫的書籍。

最早吸引他的，據說是跟人猿泰山、火星人有關的幻想類型作品，這些書就像是為他打開一扇門，通向一個充滿無邊無際想像力的世界，因此他每次待在父親的書房裡看書，一看就是好幾個小時。

後來，比爾·蓋茲發現家中有一本圖文並茂的《世界圖書百科全書》，裡頭講的全是現實世界中的事物，雖然不是人猿泰山、外星人那種奇幻內容，但是比爾·蓋茲反而覺得這類書更有趣，立刻就津津有味的讀了起來。這部《世界圖書百科全書》的內容雖然很豐富，但是比爾·蓋茲還是稍微感到不滿足。

第一個原因，就是書本很笨重，攜帶不方便。

第二個原因是書本這麼笨重，卻只能「裝載」文字和圖片，在內容的呈現上，就有了限制。

比方說，在發明家愛迪生的留聲機的這個章節，書上雖然有留聲機的照片，卻沒有辦法讓比爾．蓋茲聽到留聲機裡的聲音。或是像他讀到毛毛蟲變成蝴蝶的介紹，雖然有照片，卻是靜態的畫面，無法栩栩如生的呈現蛻變的過程。

「如果，百科全書還可以就我閱讀的內容進行測驗，或是隨時更新內容，那就更棒了！」比爾．蓋茲的腦袋中，浮現了好幾個點子。

隨著年紀漸長，比爾．蓋茲又一頭栽進富蘭克林、羅斯福、拿破崙、愛迪生等大名鼎鼎的科學家、政治家、軍事家、發明家的傳記中。他認為，讀這些名人傳記，可以幫他了解，成功的人到底是如何思考。

另外，比爾．蓋茲也讀文學作品，以及科學著作、商業書籍。廣泛的閱讀，讓他的思考和行為，在同儕之中顯得特別突出。

荒坡上的橡樹，以及，綠野中的小草，如果讓你選擇，你要當哪一個？

「小草千人一面，毫無個性，橡樹岸偉挺拔，頂天立地。」比爾．蓋茲曾經跟他的朋友說：「我不想做小草，而是要當橡樹。」

因為有著非凡的進取心，加上好勝心強，比爾．蓋茲不管做什麼事，一定是力求完美，不達目的，絕不罷休，而且一定要超越所有人。

據說，有一次，老師要全班學生寫一篇作文，談人體的特殊作用，篇幅只需要四、五頁，但是比爾．蓋茲交了三十多頁，還有一次，老師給的功課是寫一篇二十頁以內的短篇故事，比爾．蓋茲硬是寫了超過百頁的長文，連老師也目瞪口呆。

當一般人自我要求的標準，可能只是「六十分」過關，比爾．蓋茲的要求恐怕不只是「一百分」，而是「一百二十分」，甚至是「兩百分」。

除了學業上的表現，比爾．蓋茲不論做什麼事，都要證明自己的能耐。從跟姊姊玩拼圖遊戲、參加家庭體育比賽，或是在鄉村俱樂部游泳，比爾．蓋茲一定是竭盡全力去獲得勝利。對比爾．蓋茲來說，做任何事，就是要做到「第一名」，屈居第二名絕對不是他的行事風格。

電腦在你的生活中扮演著什麼樣的角色？

寫報告、查資料、看影片，發電子郵件，或是用通訊軟體和朋友聊天，已經是多數人日常生活中的一部分，如果沒有電腦，一定會非常不習慣。

不過，在四十幾年前，電腦還相當罕見，而且不像現在這麼輕巧方便，一部電腦就要占掉一個大房間的空間，而且造價很昂貴，要數百萬美金，一般人根本負擔不起。

比爾．蓋茲就讀湖濱中學時，校方非常有遠見，他們買不起電腦，於是向擁有電腦的企業租用，學生透過電話線連結，就可以使用電腦，然後才按使用的時間計費，在當時算是一大創舉。

很幸運的，比爾．蓋茲就是第一批接觸電腦的學生。當他在終端機輸入幾條指令，對這些指令處理的結果，立刻能從電腦傳回來時，讓他感到十分驚訝，簡直不敢相信「機器」可以具備如此神奇的魔力。

於是，只要有時間，比爾．蓋茲就去電腦機房，不斷做各種試驗和練習，他也不放過任何電腦相關的書籍，把他找得到的文章都仔細閱讀，研究文章中所提到的程式編寫方式和問題，再到電腦上做檢驗。

因為勤於「練功」，比爾．蓋茲在電腦上的「功力」每天都在進步中，甚至因為太迷戀電腦，加上年輕人難免喜歡惡作劇，在學校租用的電腦上，惹了不少大麻煩，父母也很擔心他，於是比爾．蓋茲決心離開電腦一陣子。曾經有長達一年的時間，他都沒碰過電腦的鍵盤。

不過，他心裡總是有個聲音在提醒著：「你是無法擺脫電腦的，你的命運註定是跟電腦聯繫在一起。」

一九七三年，比爾．蓋茲遵從父親的心願，考進了知名的哈佛大學。

從小就在數學方面展現天賦的他，曾經想過未來要當數學家，因此他在哈佛求學時，也把重心放在數學上。不過，他發現有些同學比他更有數學方面的天分，而他即使再努力，也不一定能達到世界水準的成就，於是比爾．蓋茲開始考慮，數學可能不是他應該獻身的領域。

那麼，未來該怎麼走下去呢？

他曾經想學法律，去當一名律師；或是，踏入生理學，去研究大腦的科學；或是，試試人工智慧，說不定有所作為……。

每一個選項看起來都有可能成為選項，可是選哪一項？無數的選項，反而讓比爾．蓋茲覺得徬徨不安。

最後，他想到自己長期以來投注了龐大熱情的「最愛」——電腦。

一九七五年七月，比爾．蓋茲毅然離開讀了一半的哈佛學業，轉而投入電腦事業，和好友保羅艾倫（Paul Allen），成立「微軟公司」。

當時，比爾．蓋茲僅二十歲，保羅．艾倫也才二十二歲。

「微軟（Microsoft）」這個字眼，是「微型電腦（Microcomputer）」和「軟體（Software）」的縮寫，也就是為個人電腦提供軟體服務。經過長久的努力，微軟——已經是全世界最有影響力的電腦軟體公司之一，比爾．蓋茲也因為事業成功，長期以來在世界富豪榜居高不下。

他在童年時期閱讀《世界圖書百科全書》，所感受的種種不足，三十年後，透過「微軟」的軟體技術，讓一張小小的光碟片可以裝進整部百科全書的內容，除了文字和圖片，還有聲音和動畫，每讀完一個段落，還能幫你測驗，看看你學會了多少，閱讀也變得更生動有趣。

自我期許不要當小草、要當橡樹，比爾・蓋茲實踐了對自己的承諾，而他也因此改變了這個世界。

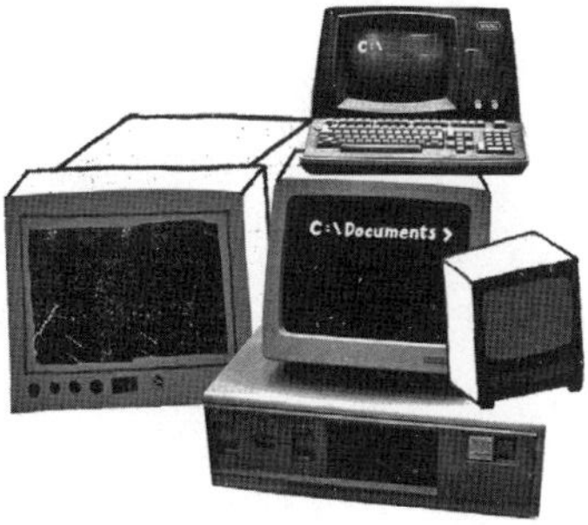

行政院新聞局登記證
少年報第八號

元氣早報

閱讀性向測驗

關於比爾・蓋茲，你最欣賞哪一點？

a 離開哈佛，創立微軟
b 催生視窗系統
c 成為全球首富之一
d 從事慈善事業

電子書開啟新閱讀世代

焦點新聞【本報記者小吉綜合報導】

上個世紀末，比爾・蓋茲就深信未來每個家庭至少會有一臺電腦，而決定發展「視窗」（windows）系統，也因此獲得劃時代的成功。二十一世紀的當下，電了書或許是下個永遠改變人類生活習慣的關鍵，你對這個領域了解多少？

亞馬遜網路書店推出名為Kindle的閱讀器，可免費上網購買所需書籍、雜誌的電子版，還能在電子書上註記，或是連線辭典查單字。「這本書」可以容納一千五到三千本紙本書的內容，重量約三百到五百克，差不多是一本書的重量，充電後可以連續使用一周，還具有朗讀功能，想讓眼睛休息一下的話，就叫閱讀器大聲唸給你聽吧。

除了Kindle，越來越多閱讀器紛紛問世，強項各有不同。閱讀器不只是個新奇的發明，對我們的生活習慣可能會有諸多影響：像是書蟲可以一次帶上千本書出門，不用傷腦筋究竟要挑哪一本好，在咖啡店看書裝氣質時，手上拿的可能不是一本厚厚的詩集，而是嶄新輕薄的閱讀器。

電子書未來會取代紙本書嗎？有什麼可取代或不可取代的地方？

今日人物

比爾・蓋茲

非常任務——
視窗電腦作業系統催生者

比爾蓋茲大事紀——

1955 出生於美國西雅圖
1973 進入哈佛大學就讀
1975 離開哈佛，和好友保羅・艾倫（Paul Allen）成立微軟公司
1985 推出「視窗」系統
1994 和梅琳達・弗倫奇（Melinda French）結婚
2000 成立比爾比爾及梅琳達・蓋茲基金會
2005 獲得英國女王伊莉莎白二世頒贈騎士勳章
2008 從微軟退休
2021 離婚

・選 a 的人→不在乎世俗評價，適合閱讀＜鄭板橋＞ p.119
・選 b 的人→有遠見，適合閱讀＜伽利略＞ p.39
・選 c 的人→務實有企圖心，適合閱讀＜史蒂夫・賈伯斯＞ p.204
・選 d 的人→悲天憫人，適合閱讀＜甘地＞ p.27

我超越

I Overtake

Xu Xia Ke

徐霞客

1587-1641

遊走天下的行者

■ 王文華

明代末年，旱災、水災沒斷過，加上貪官污吏，弄得民不聊生。老百姓沒飯吃，許多人成了強盜，於是又鬧起兵災，搶匪抓不完，北邊女真族勢力也興起啦。北京城裡的皇帝好心煩，內外交攻，愁得不得了。

在這兵荒馬亂的時代，湖南茶陵麻葉洞這偏遠的山村，這一天，來了個年輕人。他帶著僕人，四處打聽麻葉洞，說是想要進去看一看。

村裡的老人說：「麻葉洞不能進呀，打從我爺爺的爺爺的爺爺一直到現在，沒人進去過呀。」

「為什麼？」

老人說，裡頭有神龍，也有人湊過來說，那裡有精怪，會吃人的。

神龍？精怪？年輕人不相信，出重賞，詢問村中可有人能帶他進去。

「真是不懂事！」老人搖搖頭。

村裡有個壯丁，貪圖賞銀，鼓起勇氣說：「我去。」

麻葉洞深不可測，壯丁邊脫外套，邊問他是哪裡來的法師，有什麼神通？

「神通？不不不，我只是個讀書人。」

壯丁嚇得直往後退，嘴裡哇啦哇啦的說：「余以為大師，故欲隨入；若讀書人，余豈能以身殉耶？」

意思是說：「我以為你是個大法師，才敢跟你進洞冒險，沒想到你只是個讀書人。讀書人手無縛雞之力，還想進洞抓妖？我才不肯陪你去送死咧。」

這個年輕人執意要進洞的消息，讓偏僻的村子沸騰起來，於是「樵者腰鐮，耕者荷鋤，婦之炊者停爨，織者投杼，童子之牧者，行人之負載者，接踵而至。」意思就是，全村的人停下手上工作，全來看熱鬧啦！

年輕人好像看多這樣的場面了，他自在的舉起火把，在眾人驚訝、不解、疑惑的眼光中，進了洞。

「這不是找死嗎？」眾人議論紛紛。

「是呀，從我爺爺的爺爺的爺爺那代開始，就沒人敢進去。」老人不忘了再加一句：「莽撞呀！」

進入麻葉洞的年輕人，拿著火把，在高高低低的岩洞裡探勘，火光下，岩洞很乾燥很乾淨，年輕人搖著頭，不解外面的人，為什麼寧可相信傳說，也不敢進來一探究竟？

這個年輕人不是別人，正是歷史上著名的地理學家徐霞客。

徐霞客是中國江蘇江陰人，原名宏祖，字振之，霞客是他的號。徐家，書香門第，祖上曾擔任政府的官員，累積了一點財富，到了徐霞客的父親徐有勉這一代卻不願為官，也不想跟有權勢的人交往，只愛尋幽訪勝。

徐霞客深受父親影響，從小就好讀歷史、地理和探險、遊記之類的書籍，像是《山海經》、《輿地誌》等。在私塾上課的時候，老師要他讀經書，為以後的科舉考試做準備，可是徐霞客卻在經書下壓著地理圖誌，讀著讀著，讀到出神了，心思就溜到廣闊的空間去旅行了。

在那個讀書人唯一出路就是上京趕考，認為金榜題名才能光宗耀祖的年代，小小年紀的徐霞客，卻早已立志要遊遍名山大川，當一名旅行家。

十五歲那年，他參加童子試，因為沒準備，也就沒考取。父親見兒子志不在此，轉而鼓勵他博覽群書，做個有真實學問的人。徐家祖先建了一座萬卷樓來藏書，讓徐霞客比別人有更方便閱讀的環境。

徐霞客並不是個死讀書的人，有不懂的地方一定要弄到懂，萬卷樓的藏書不能滿足他的求知欲，他就四處蒐集書籍，碰上一本好書，就算得把衣服脫下來典當，

世界呢？

他也願意。

只是，那些書上說的和現實生活中的世界一樣嗎？能不能去親眼看看這個大千世界呢？

十九歲時，徐霞客的父親過世了，出外遊歷的念頭召喚他，然而儒家思想也影響著他，「父母在，不遠遊」，母親年紀大了，他怎麼能出外遠行？每個熱愛旅行的遊子，都會受到這麼兩股力量拉扯：一方面希望能走得越遠越好；一方面對家庭親情卻又放心不下。

徐霞客小看了他的母親。他母親很有經濟頭腦，她籌辦織布坊，勤於規劃產品線。徐家的絲織品精美，市場上十分搶手，為徐家積累可觀的財富。徐母讀書識字，思想也很開通，當她看出孩子的志向後，就鼓勵他：

「男子漢大丈夫，志在四方，豈能被兒女私情給困住？你去吧，去廣闊的天地間舒展胸懷，增廣見聞，別因為娘，讓你變成雞籠裡的小雞，馬圈裡的小馬，整日困在家裡無所作為呀！」

母親親手為徐霞客準備行裝，幫他縫製一頂「遠遊冠」以增強決心。有了母親的諒解與支持，徐霞客再無後顧之憂，這一年，徐霞客二十二歲了。他頭戴遠遊冠，肩挑行李，帶著一個僕人，先後遊歷了太湖、洞庭山、天臺山、雁蕩山、泰山、武夷山和北方的五臺山、恆山等名山。

徐霞客攀登雁蕩山時，想起古書上說雁蕩山頂有座大型湖泊，他是個求真求實的人，當然想去看看這座湖。當他爬到山頂時，只見一道筆直的山脊，連下腳處都找不到，哪來的湖呀？

徐霞客不肯罷休，繼續向前走到懸崖，前方無路可行了，他仔細觀察，發現崖下有個平臺，於是把布帶繫在岩石上，雙手抓住布帶騰空飛渡來到平臺，然而平臺突出在山崖上，足足有百丈高，下去是不可能的任務，且慢，這下他還得回頭呀，他只好抓著布帶，蹬著懸崖，吃力的往上爬。

爬呀爬呀，布帶吃不住他的重量，啪的一聲，斷了，幸好徐霞客眼明手快，緊抓住一小塊突出的岩石，等他把斷掉的帶子綁好，重新攀援，這才回到崖頂。

這樣危險的旅程，他一輩子不知道遭遇過多少次，卻從沒讓他害怕，別人道聽塗說，跟著以訛傳訛；徐霞客呢，他總是要去親眼看看，實地走走，這才安心。

有一次，他去黃山考察，途中下起大雪。當地人告誡他：「千萬別上山，山上的積雪齊腰，上不得呀。」

徐霞客堅持登山。來到半山腰，山勢越來越陡，路面也結了一層厚厚的冰，腳踩上去，立刻就滑下來。徐霞客利用隨身鐵杖在冰上鑿坑，腳踩著冰坑，一個坑一個坑的爬上黃山。

黃山上的僧人看到他都覺得很意外，因為他們被大雪困在山上已經好幾個月了，山上的人下不去，反而是山下的人，冒險登上山來啦。

黃山是徐霞客最喜歡的山，他兩次造訪，泡溫泉，賞奇松，觀雲海，回來還留下「五嶽歸來不看山，黃山歸來不看嶽」的名言，直到今天，還吸引無數的人，慕名上黃山呢。

徐霞客見識到各地的奇風異俗，經歷過各種驚險場面，說給別人聽，人們聽了都嚇呆了，只有他的母親，不但聽得津津有味，後來還跟著徐霞客去探了幾個石灰溶洞。

徐霞客最壯闊的旅行在西元一六三六年，那年他五十一歲，一共走了四年才回家。出遊到中國西南地方，只是他才到湘江就遇到強盜。僕人受傷，行李、旅費被劫，連他也差點喪命，旁人勸他回去，他卻堅定的說：「我帶著一把鐵鍬來，什麼地方不可以埋我的屍骨呀！」

徐霞客只憑雙腳的旅行，又碰上明代末年的動盪，曾經遭遇三次盜匪，也曾四次面臨絕糧的危機，卻都成了他筆下一篇又一篇讓人嘆為觀止的傳奇。

徐霞客的遊歷，並不是遊玩而已，要玩，他有錢，他可以僱人抬轎，專走風景優美的區域，輕輕鬆鬆，多麼愉快。然而他卻選了一條少有人走的路徑，以親身體驗，用腳丈量世界的方法，來看待他身處的國度。

有一次的探險是這麼來的……

長江是中國最長的一條江，自古以來，人們都相信戰國時期《禹貢》這本書上的說法，說是「岷江導江」，認為岷江是長江的源頭。

徐霞客對此產生疑惑，他「北歷三秦，南極五嶺，西出石門金沙」，最後終於查出金沙江發源於崑崙山南麓，比岷江長了一千多里，於是斷定金沙江才是長江上源。不過由於當時條件的限制，徐霞客沒能再往上繼續尋找長江真正的源頭，卻已經為後人對長江源頭的探究，往前邁出了極為重要的一步。

徐霞客也是石灰岩地形考察的先驅。中國西南地區石灰岩分布很廣泛。徐霞客在湖南、廣西、貴州和雲南都做了詳細的筆記。他沒有任何儀器，探察只憑著目測步量，但是他對桂林七星岩十五個洞口的記載，與今天地理研究人員的實地勘測，結果大致上是符合的。

最難能可貴的是，我們今天知道的徐霞客，全來自他的日記，那是他經歷一天的野外考察後，不管是在荒村野廟，還是斷壁老樹下，就著一盞小油燈，一筆一字記錄下來。

徐霞客前前後後共寫了二百多萬字的遊記，其中多是他一步一腳印親自去觀察去體驗的明代中國第一手報導，「聞奇必探，見險必截」。可惜的是，這些日記大部分已經散佚，我們今日所見的《徐霞客遊記》只是其中一小部分，但即使是這僅存的四十萬字，卻已展現出一幅偉大旅行家眼中的壯闊大地，那是如此的豐饒，如此的瑰奇，能因而召喚徐霞客，用他有限的生命，去描繪，去探奇，為我們留下這偉大的行者詩篇。

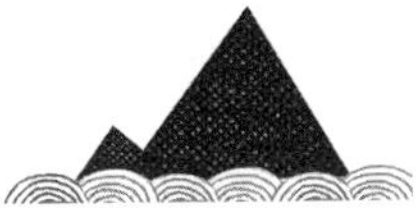

行政院新聞局登記證
少年報第九號

元氣早報

張牙舞爪的石灰岩地形

焦點新聞【本報記者小吉綜合報導】

徐霞客一生走過大江南北，其中在地理學上最大的貢獻，在於對中國西南地區石灰岩地形的考察。他形容中國福建的溶洞玉華洞：石色或白或黃，石骨或懸或豎……眩巧爭奇，遍布幽奧，而辟戶更拓。

石灰岩雖然堅硬，但遇雨便會溶解，因而形成石鐘乳、石筍、石柱等千奇百怪的景致。

石灰岩地形，地理學家最早是在歐洲克羅埃西亞喀斯特高原進行有系統的研究，所以又名為喀斯特地形。

後來的研究者紛紛在世界各大洲發現此種地形，包括非洲馬達加斯加島，歐洲英國、法國、西班牙、土耳其，美洲美國、加拿大，以及亞洲馬來西亞、日本、韓國等地。

其實在臺灣也有石灰岩地形，就在墾丁國家公園裡，下次記得去探險看看吧。

今日人物 徐霞客

非常任務——
考察中國石灰岩地形的先驅

徐霞客大事紀——

- 1586 即明萬曆十四年，生於中國江南江陰
- 1602 考試不中
- 1605 立志遠遊，母親大力支持
- 1609 遊山東、河北
- 1616 遊黃山
- 1617 遊宜興張公善卷洞
- 1625 母去世
- 1628 再度出遊
- 1636 浙江至湖南、廣西、貴州、雲南
- 1640 返家
- 1641 過世

閱讀性向測驗

徐霞客探勘的地方當中，你對什麼最有興趣？

a 河流
b 石灰岩地形
c 火山地形
d 高山地形

- 選 a 的人→有過人的想像力與毅力，適合閱讀<雷．克洛克> p.214
- 選 b 的人→喜歡求新求變，適合閱讀<周杰倫> p.70
- 選 c 的人→具有勇氣與爆發力，適合閱讀<史蒂夫．賈伯斯> p.204
- 選 d 的人→有鍥而不捨的精神，適合閱讀<伽利略> p.39

Zheng Ban Qiao

難得糊塗的七品芝麻官

■ 王文華

鄭板橋

1693-1765

雲峰山上有塊鄭文公碑，字體猶勁有力，愛好書法的人士，常常慕名而來。

有一天，來了個讀書人，他也是專程來看碑。讀書人邊看，邊用手在空中臨摹，看著臨著，完全沒注意到，山頭捲起濃墨般的烏雲，頃刻間，雷聲大作，雨勢滂沱。這時想回山下是來不及了，匆忙中，讀書人在山坳裡發現一戶人家，急忙過去躲雨。屋主是個老人，自稱「糊塗老人」，健談又好客，升了火，取了乾淨衣服給讀書人換，兩人越談越是投機，真有相見恨晚的感覺。

談著談著，窗外雨停了，陽光重新露臉，讀書人發現，這山居人家擺設雅致，最突出的是一方桌面大的硯臺，材質細緻溫潤，可惜上頭沒有鏤刻裝飾。

「你進來我家門，想來是有緣，可否在硯臺上題幾個字，他日，我好找人鐫刻上去。」

老人一再邀約，讀書人也不好推卻，就從老人的名字發想，靈機一動，大筆一揮，題了「難得糊塗」四個字，再蓋上「康熙秀才雍正舉人乾隆進士」的章。

字題了，章蓋了，讀書人發現硯石上還有餘地，所以又提筆補寫一段：「聰明難，糊塗尤難，由聰明而轉入糊塗更難。放一著，退一步，當下心安，非圖後來福報也。」

字一寫完，糊塗老人歡喜的拉著讀書人的手說：「啊，原來是板橋大人大駕光臨，今日能得鄭大人的字，那真是這塊硯臺的造化呀！」

原來，這讀書人就是鄭板橋，詩書畫三絕，是清代揚州八怪之一。

鄭板橋，名燮，號板橋，他是中國江蘇興化人，自小家貧，也曾志在功名，只是雖然刻苦攻讀，卻直到二十多歲才成為秀才，雍正年間中舉人時已經三十多歲了，等到他四十四歲考上進士，天下又改朝換代，成了乾隆元年啦。

如果六歲開始讀書識字，那麼鄭板橋在「寒窗」下整整熬了三十八年，人生中最精華的歲月，幾乎已過了三分之二。因此，他才會刻那塊「康熙秀才雍正舉人乾隆進士」的印章來自嘲。

古人說，十年寒窗無人問，一舉成名天下知，鄭板橋的時運真是不濟，好不容易成為進士，應該可以一展抱負去造福鄉梓，沒想到朝廷像是忘了他的存在，讓他「在家待業」，也不派官職，也不給薪俸。

在家待業總要養家活口，鄭板橋回到揚州賣畫，開館授徒，勉強餬口，幸好，鄭板橋的字畫很有名，要賣錢是沒問題；有問題的是，他這人有個臭脾氣，字畫只賣給一般人，為富不仁的人想跟他買字畫，他還不願意賣。這麼有個性的藝術家，一倔起來，任憑天王老子也勸不動。鄭家老老少少，只好常常處在飢餓狀態。

窮困的日子，轉眼又過了六年。乾隆七年，朝廷終於想起他，派他到山東范縣當知縣。

知縣，只是個七品大的芝麻官，官雖小，卻終究是個官，可以坐轎子去上任。如果是一般人，好不容易當官，總要敲鑼打鼓，大肆宣揚一番。

可是鄭板橋不是一般人，他去范縣時，只帶了一個書僮，牽了一頭毛驢，毛驢上馱了幾箱書，就這麼徒步上任去。

范縣是個窮縣，河水經常氾濫，鄭板橋到任後，除了審案子，最多的時間，就是到鄉間去和農夫們聊天，在鄭板橋的心裡，他認為農人終日勞動最偉大，特別寫信告訴家人：

「我想天地間第一人，只有農夫，而士為四民之末。農夫上者種地百畝，其次七八十畝，其次五六十畝，皆苦其身，勤其力，耕種收穫，以養天下之人。使天下無農夫，舉世皆餓死矣。」

〈范縣署中寄舍弟墨第四書〉

「士」就是讀書人，鄭板橋最瞧不起的，就是那種熱衷功名，只為了當官發財的讀書人，所以他寫這種人：

「一捧書本，便想中舉、中進士、作官，如何攫取金錢、造大房屋、置多田產。起手便錯走了路頭，後來越做越壞，總沒有箇好結果。其不能發達者，鄉里作惡，小頭銳面，更不可當。夫束修自好者，豈無其人；經濟自期，抗懷千古者，亦所在多有，而好人為壞人所累，遂令我輩開不得口；一開口，人便笑曰：『汝輩書生，總是會說，他日居官，便不如此說了。』」

〈范縣署中寄舍弟墨第四書〉

鄭板橋是實實在在為百姓做事的人。在他生活的年代，老百姓見了官，還得下跪請安，百姓按時納稅，平時被當官的欺壓，遇到災難時，官員兩手一攤，凡事往上欺瞞，往下逞威，什麼都不管。

鄭板橋從窮困出身，他明白民間疾苦，知道要苦民所苦，沒有官員的架子，時常微服出巡，探詢百姓的難處，解決他們的困難。

范縣時常有水患，他就號召大家捐錢修築河堤，還帶頭先將自己的俸銀捐了「一二百六十千」，知縣大人都捐了，縣裡的大戶人家也不得不跟進，最後湊齊了錢，終於解決了水患，讓百姓能安居樂業。

乾隆十一年，鄭板橋調任濰縣知縣，濰縣自然條件比范縣更好一些，鄭板橋依然騎著小毛驢上任去。

等他到了任，卻遇上連年大旱，田裡收不到作物，老百姓活不下去，只能賣兒鬻女，舉家逃荒，路邊時常見得到餓死的人。

這麼嚴重的災情，讓鄭板橋寢食難安，他是地方的父母官，不能不幫百姓的忙，他不斷的向上司反映，公文寫了一封又一封，希望朝廷趕快撥款救災，不然也要讓他打開官倉救濟災民，幫助百姓度過這次的災難。

可是高居上位的官員卻無動於衷；潍縣的富戶巨賈又趁火打劫，囤積糧食高價販售，致使「斗粟值錢千百」，城裡的糧價一日三市，窮困的老百姓，根本買不起白米。

萬般無奈中，鄭板橋決定拿自己的烏紗帽來賭：他打算冒著殺頭的大罪開糧倉救濟百姓，沒錢的人們只要寫下借券，就能借糧回家。

鄭板橋把他的想法告訴縣府官員，想聽聽大家的意見，官衙裡的人都持反對意見。清代時期，私開糧倉是大罪，官員們勸鄭板橋不要躁進，還是等上司回覆公文後再說。

「再等等，再等等……」板橋急了：「你們怕自己丟掉腦袋，可是外頭的災民卻等不及了，這樣一級一級把奏章報上去，再一級一級批下來，等公文批下來，百姓也都餓死了。」

他激動的說：「開倉賑災的事由我作主，如果朝廷將來追究責任，千刀萬剮全部由我承擔。」

「這⋯⋯」其他官員遲疑著。

鄭板橋拍著桌子：「即刻傳令，今日開倉，讓災民持券借貸。」

因為鄭板橋的決定，濰縣的百姓終於不必離鄉背井去逃荒，被他救活的飢民無以計數，貧困的人們感謝他，拿不出什麼回報他，就在家裡貼了他的畫像，把他當成菩薩般尊敬。

那年秋天，農作物依然歉收，百姓依然無糧可還，為了不讓大家為難，留下後患，鄭板橋將借券一把火全燒了。

一個小小七品芝麻官的膽識讓人欽佩，但那些躲在黑暗裡的惡勢力卻也藉此反擊，他們說鄭板橋開倉盜賣糧食，肥了自己，虧了朝廷的銀兩。

乾隆十八年，六十一歲的鄭板橋終因「懺大吏」的罪名被罷了官，不過即使被罷了官，他也覺得心安理得，離開濰縣之前，特別畫了一幅墨竹圖，題詩其上，以明其志：

烏紗擲去不為官，
囊橐蕭蕭兩袖寒。
寫取一枝清瘦竹，
秋風江上作漁竿。

〈予告歸里畫竹別濰縣紳士民〉

臨別之日，鄭板橋依舊是那頭小毛驢，多了一盆蘭花和「一肩明月，兩袖清風」。濰縣的百姓夾道相送，號哭挽留，有的人竟然跟著他的毛驢，足足送至百里之外。

鄭板橋十二年的官海生涯，始終都只是個窮知縣，別人是「十年清知府，萬兩雪花銀」，幾年官當下來，就能買田置產，家財萬貫，他卻是十二年始終如一日的「七品芝麻官」，當官卻沒發財，真不是個當「貪官」的料，才會落得「宦海歸來兩袖空，逢人賣竹畫清風。」

不過，脫掉烏紗帽後，他不用為五斗米折腰了。鄭板橋終於又恢復他機智風趣的面貌，找回「二十年前舊板橋」，輕鬆面對罷官後的生活：

老困烏紗十二年，
遊魚此日縱深淵。
春風蕩蕩春城闊，
閒逐兒童放紙鳶。

《罷官作》二首之一

「三絕詩書畫，一官歸去來」是人們對板橋先生官場與藝術成就的總結，他自己說過：「夫讀書中舉中進士作官，此是小事，第一要明理作個好人。」

鄭板橋這小小的七品芝麻官，遇上荒年，又非貪官，能有多少薪俸？他私開官倉，害得自己丟官去職，豈不是個糊塗官？但是救濟百姓，拯生民於水火，卻又是

「明理作個好人」的大智慧表現。

「難得糊塗」說來容易做來難，或許就是因為這樣的灑脫與率真，鄭板橋才更值得我們欽佩與學習。

行政院新聞局登記證
少年報第十號

元氣早報

閱讀性向測驗

如果要形容鄭板橋的人生，你會怎麼說？

a 大智若愚
b 一事無成
c 仙風道骨
d 不切實際

鄭板橋的奇幻竹林

焦點新聞【本報記者小吉綜合報導】

鄭板橋是清代有名的揚州八怪之一，雖然怪法各有不同，但這幾位怪人都擅長文藝書畫、憤世嫉俗，且不與權貴交遊。

正因為鄭板橋脾氣古怪，他的詩書畫可是千金也不一定買得到的珍品，高興時動筆，不高興時還可能會破口大罵，是個十足的性情中人。

有個朋友搬新家，特別留了一面牆要給鄭板橋作畫，沒想到酒過三巡，懷著醉意的他竟然隨意將大量的墨塗抹在雪白新牆上，接著乾脆直接潑灑墨水，可憐的主人用盡心計卻換來一片黑牆。沒想到過幾天下了場傾盆大雨，閃電交加之後，出現成群的麻雀昏死在黑牆前。這時人們才發現，原來那抹漆黑在閃電強光照射下，會現出竹林的景象，因此引來想躲雨的無辜麻雀。

關於鄭板橋，繪聲繪影的故事還有很多，更凸顯出他特立獨行、與眾不同的一面。你要當闖入竹林裡的麻雀，還是只看到一抹漆黑的人類？

今日人物
鄭板橋

非常任務——
冒死開倉賑災的清官

鄭板橋大事紀——

1693 出生於中國江蘇
1696 母汪夫人卒
1706 繼母郝夫人卒
1713 康熙年間，考取秀才
1732 雍正十年，赴南京鄉試中舉
1736 乾隆元年，赴北京中進士
1742 出任山東范縣縣令
1746 自范縣調濰縣
1748 乾隆游山東，封鄭燮為書畫史
1753 罷官回鄉
1765 辭世

・選 a 的人→有犧牲自己、成就他人的傾向，適合閱讀＜甘地＞ p.27
・選 b 的人→好追求積極有效率的人生，適合閱讀＜史蒂夫・賈伯斯＞ p.204
・選 c 的人→喜歡傾聽內心的聲音，適合閱讀＜鹿野忠雄＞ p.152
・選 d 的人→喜歡得到實質的回饋，適合閱讀＜比爾・蓋茲＞ p.96

Wu Chien Shiung ...

物理科學的女巨人

■ 胡妙芬

吳健雄

1912-1997

「在任何進步的道路上，最大的絆腳石一直是那根深蒂固、難以搖撼的傳統。」

——吳健雄

一九五六年聖誕夜，街頭上銀雪紛飛，許多人急著趕回家裡過節。一位個頭嬌小的東方婦女，獨自穿過冷冽街道，夾在人群之中，快步走向美國華盛頓的聯合車

站，趕搭開往紐約的末班列車。過去幾個月的每一週，她總是像這樣，在華盛頓與紐約之間兩地奔波。

在這冰冷的雪夜中，這名婦女和眾多歸心似箭的旅客一樣，並沒有引起旁人的注意；甚至因為白人對有色人種與女性的普遍歧視，而暗地裡遭人忽略與冷落。

但是誰也料不到，這梳著舊式包頭、身穿傳統旗袍，看似平凡、嚴肅的中年主婦，竟是一位走在時代最尖端的原子核物理學家；她不但曾是普林斯頓大學建校百年來的第一位女性講師，也曾在製造原子彈的「曼哈頓」計畫中，擔任過極為關鍵的角色。正在此時，一份即將引爆革命的研究報告正安靜躺在她的行囊中，等待數週後公諸於世，這將使二十世紀的物理學界，產生翻天覆地的重大革命。

她，就是擁有「中國居禮夫人」之稱的女性物理學家——吳健雄。由她和其他幾位科學家所掀起的這場科學革命，就是被稱為「對稱性革命」的「宇稱不守恆」。

當時的科學家們大都相信，在自然界中，大自肉眼看得見的一般現象，小至原子內的微小世界，都具有左右對稱的對稱性，稱為「宇稱守恆」定律。

但其實，人體是左右對稱，花朵也是左右對稱，這些人人肉眼可見的現象，的確都符合左右對稱；但是人眼見不到的原子核內部，是不是也是左右對稱的呢？從來沒有人做實驗來檢驗它，大家卻不加懷疑的相信那是真的。如果有人想挑戰它，就會被認為是智識不清，或是睜眼說瞎話，必須面臨其他人的強烈質疑和訕笑。

不過，有兩位年輕的理論物理學家李政道和楊振寧，卻發現了一些端倪，決定對「宇稱守恆」發動革命。他們精於理論計算，卻苦於沒有實驗證據，來支持「宇稱不守恆」的論點。

於是，這兩位聰明的物理學家，找了其他科學家討論，其中也包括吳健雄。不過，這些人當中，有些人輕忽了這件事的重要性，有些則認為實驗難度太高，根本不可能辦到。只有吳健雄，經過仔細思索，慧眼看出這場實驗的重要價值與革命性影響。她斷然取消原本出國開會與演講的計畫，留在美國，邀集其他幾位各精所長的物理學家，一同進行密集的實驗。

吳健雄素以實驗設計精巧、仔細又準確聞名，做起實驗來，充滿狂熱又有股鍥而不捨的拚勁。當時的物理學界流傳著一句話：「如果這個實驗是吳健雄做的，那麼，就一定是對的。」儘管障礙重重，而且不一定會開花結果，吳健雄仍然決定進行這場實驗。

這場實驗在美國華盛頓ＤＣ的國家標準局，密集進行了好幾個月。吳健雄除了做實驗，還得兼顧哥倫比亞大學講課的工作，所以經常往返於兩地之間。慢慢的，實驗的相關消息傳了開來，大家議論紛紛，但多數人仍舊一面倒的認為，這一類實驗根本不可能成功。

「如果實驗結果證明，宇稱真的不守恆的話，我就吃掉我的帽子！」一九五二年諾貝爾物理獎得主布洛克，當時曾經丟出尖銳的質疑。

「那是一個瘋狂的實驗，不需要浪費時間。」才氣橫溢的費曼博士也曾經這麼批評過。

「誰都知道，宇稱一定是守恆的。」當時人稱「偉大鮑利」的物理學大家鮑利也不客氣的說：「像吳健雄這麼好的一位實驗物理學家，應該去找些重要的事做，不應該在這種顯而易見的事情上浪費時間。」不但如此，他還在信上和其他物理學家打賭：不管賭注多大，宇稱一定是守恆的。

就在大家極度不看好，而且充滿質疑與調侃的氣氛當中，吳健雄與合作的夥伴們還是夜以繼日的進行預定的實驗計畫。

聖誕節就在忙碌中悄聲的走遠了。

一九五七年一月九日，半夜兩點，吳健雄和其他四位合作夥伴，在燈火通明的實驗室緊盯實驗數據，小心謹慎的對所有實驗過程與結果做最後的查證。直到確定無誤之後，才打開一瓶上好的法國紅酒，熱烈慶功。

「為這個科學歷史上的偉大時刻乾杯！」

「宇稱守恆定律，已經死了！」

雖然，宇稱不守恆對一般人來說難以理解，但在科學界就像浪潮撲岸一樣，席捲了全世界，不但顛覆了當時物理科學的基本思想，也影響了後續的化學、天文、生物、氣象，甚至心理學的發展。

這項實驗跌破大家眼鏡，就連吳健雄自己，心中也震撼不已。她在實驗中，親眼目睹電子傾向於左手旋的「不對稱」現象，內心澎湃洶湧，有半個月的時間幾乎無法入睡。

「這帶給我們什麼啟示呢？」

「為什麼老天爺要我來揭開這個奧祕呢？」

最後她認為：「這件事情給我們一個教訓，就是永遠不要把『不驗自明』的定律視為必然。」

隔年，楊振寧、李政道獲頒諾貝爾獎，成為史上首度得到諾貝爾獎的中國物理學家。吳健雄雖然沒有獲得諾貝爾獎，卻因此名揚四海，受邀到世界各地演說，所到之處盡是英雄式的熱烈歡迎。

這是四十四歲的吳健雄，一位一路走來，曾經飽受性別歧視的女性科學家，終於以傲人的成就，獲得舉世的尊崇。

一九一二年，吳健雄出生於中國上海，父親吳仲裔是一位思想先進、知識淵博的人物，曾經加入同盟會，參與推翻滿清的軍事行動，也曾創辦學校，鼓勵女性就學。家中唯一的女兒吳健雄，自然承襲了父親聰明又具開創性的行動能力。吳仲裔不但從小灌輸女兒新時代的知識，還鼓勵吳健雄如男子一般離鄉背景追求理想。所以，吳健雄雖然來自男尊女卑的傳統中國，從小在家庭和學校裡感受到的，卻是男女平權的新氣象。

因此，當她於一九三六年赴美深造，從上海乘船抵達舊金山時，便對當時美國社會對女性的歧視，感到非常不平與訝異。

她原本計畫就讀美國內陸的密西根大學，但是才踏上美國土地不久，就聽說密西根大學十分保守，原本由男女學生共同出資興建的學生俱樂部，在興建完成以後，竟然限制女學生只能走側門！於是吳健雄改變心意，改讀加州大學柏克萊分校的物理系，成為物理學家塞格瑞的學生。

吳健雄很快成為眾人眼中的物理系「系花」，不只是因為她總是穿著美麗的中國式旗袍，顯得俏麗又優雅；也是因為她嬌小的東方女性身材，被包圍在眾多高頭大馬的白人男生之中，十分搶眼，顛覆了不少人以為女科學家總是邋塌老處女的刻板印象。

但是吳健雄最受人激賞的，不是她的外貌，而是她對物理研究的熱愛與才氣。她經常在實驗室忘情的工作，有時忘了吃飯，有時直到半夜三更，才徒步回到宿舍休息。

然而，當她在一九四〇年，以優異成績和耀眼的物理研究得到博士學位之後，卻無法成為柏克萊的教授，收到的理由十分簡單，只因當時美國最頂尖的研究大學，根本沒有半個女性物理教授。

在那個年代，歐美的科技與文化雖然蓬勃發展，但傳統上還是歧視黑人、亞洲人、女性及猶太人；物理學界則幾乎由男性壟斷，許多名校的教授清一色是男性，女性科學家即使研究成績再突出，也很難爭到一席之地；而且就算幸運獲得教職，拿到的薪水也比男性科學家少。

就連當時做出傑出貢獻的奧地利物理學家麥特勒，也因為同時具有女性和猶太人的雙重身分，只能待在根本沒有女生廁所的地下室工作，而且和佣人一樣只能從後門進出。

面對不友善的工作環境，吳健雄冷暖自知。但是激烈的不理性抗爭或出言不遜，都不是對抗大環境的最好方法；因此，她窮盡一生的心血，以輝煌的成果立下女性科學家的典範；並且在享有名聲與影響力之後，關心女性科學家的工作機會與權益，公開呼籲大家必須平等的對待女性，使女性投身物理研究的風氣漸開，社會歧視女性的態度也漸漸消弭不見。

吳健雄在演講中曾說：「微小的原子、數學符號或生物遺傳分子，難道對男性或女性也會有不同的偏好嗎？」不會，當然不會，是人為僵化的傳統觀念，阻礙了男女平權的進步。而吳健雄正是那位，多次以行動打破人心僵局的科學女巨人。

行政院新聞局登記證
少年報第十一號

元氣早報

未來，會有更多的吳健雄

焦點新聞【本報記者小吉綜合報導】

吳健雄博士有個很男性化的名字，因為排行「健」字輩，再加上家裡以「英雄豪傑」順序為孩子命名，排行老二的她就順理成章的被取名為「健雄」。她的父親主張「男女平等」，非常尊重並鼓勵這個女兒，從不壓抑她的智性發展。父親，在吳健雄口中，是一生中影響她最大的人。

二十世紀初，不論中外，這樣自由開放的教育方式仍相當罕見，讓我們從歷史的洪流中一窺女性地位的轉變：

1906 芬蘭成為歐洲第一個認可女性選舉權的國家
1907 居禮夫人成為巴黎索邦大學第一位女教授；《中國女報》、《神州女報》先後在上海創刊
1908 中國第一所女子高等教育機構燕京女子大學成立
1910 埃及女權運動者修塔（Huda）成立埃及女子學校
1912 中國廢止近千年的女子纏足陋習
1919 俄國大革命創立了第一個倡導男女平權的政府
1920 美國憲法賦予女性選舉權
1957 吳健雄完成「宇稱不守恆」實驗
1980 美國出現首位最高法院女性法官歐康納（Sandra Day O'Connor）
1986 美國出現首位女太空人萊德（Sally Ride）
20XX 接下來呢？

今日人物
吳健雄

非常任務——
證明「宇稱不守恆」掀起物理學界大革命

吳健雄大事紀——
1912 出生於中國上海
1930 進入南京中央大學數學系，一年後轉至物理系
1936 赴美深造，進入加州大學柏克萊分校物理系
1938 正式開始從事原子核物理學研究
1940 獲物理學博士學位
1942 與同為物理學博士之袁家騮先生結婚
1943 成為普林斯頓大學建校百年來第一位女講師
1944 進入哥倫比亞大學，並參與製造原子彈的「曼哈頓計畫」
1947 生下獨子袁緯承
1957 完成宇稱不守恆實驗，震驚物理學界
1973 睽違三十七年後，首度返鄉
1997 逝世於美國

閱讀性向測驗

你認為吳健雄哪一項成就，最了不起？

a 參與「曼哈頓計畫」
b 推翻「宇稱守恆」定律
c 提升女性從事科學工作的地位
d 在白宮獲頒國家科學獎

‧選 a 的人→目標導向、積極進取，適合閱讀＜比爾．蓋茲＞ p.96
‧選 b 的人→擅長思考、打破成規，適合閱讀＜鄧肯＞ p.141
‧選 c 的人→厭惡權威、嚮往自由，適合閱讀＜李安＞ p.60
‧選 d 的人→胸懷大志、勇於逐夢，適合閱讀＜蕭青陽＞ p.85

Isadora Duncan

太陽神的女兒

■ 史玉琪

鄧肯

1878-1927

觀賞她的舞蹈，
我們的精神遠溯至遠古時代，深深探入許多世紀以前，
我們彷彿回到世界的黎明，
那時，偉大的靈魂，可藉軀體之美自由表達，
動作的韻律與聲音的節奏相對應，

人體的動作與風、與海融成一體，
女性臂膀的姿態就像玫瑰花瓣開展，
赤裸的腳尖踩在草皮上，就像一片葉子飄落到地面。

——《太陽報》，一九〇八年十一月十五日

她又來到波提伽利這幅名為「春天」的畫作前。我注意到她，是因為她的五官甜美，和歐洲仕女的身材相比，她顯得略微高大，但舉手投足間帶著淑女的優雅，又有一股少女的雀躍。她已經連續三天來到這個美術館，靜靜的站在畫作前，臉上變換著各種神祕的表情。

「小姑娘，坐下來歇歇腿吧。」我找了一張椅子，搬到她身邊。

「感謝您，老爹。」她有點意外，但立刻接納了我的好意，笑吟吟的坐了下來，眼神閃著迷人的光采，「我的腿很強壯，並不會累，」她拍拍雙腿，接著說：「但我真希望能夠完全融入他們的世界，春夏秋冬都和他們一起跳舞。」

「你是一個舞孃？」我上下打量她的模樣，心裡覺得疑惑。

「呃，不是，不是那種歌劇裡裝模作樣、挑逗男人的舞女，」她說的義大利文，有美國口音，「更不是屈膝卑躬、拘謹乏味的芭蕾舞。」她點點頭，好像頗為肯定自己剛才所做的批評。

她站起來走到畫作前，指著畫中三名薄紗女神說：「我跳的是這種舞蹈，跟著大自然的節奏，把來自於母親和神靈的愛與柔情，透過身體，盡情的表達出來。」一時之間，我還以為眼花了。當這位小姑娘站在畫作前，告訴我她是一個怎麼樣的舞者時，畫中原有三個薄紗女神突然變成四個人。

她叫伊莎朵拉．鄧肯，美國人，二十一歲的時候和母親、姊姊一起來到歐洲，英國、法國一些上流社交圈，還有當代一些藝術界的文人雅士，似乎都知道她。聽說，大雕塑家羅丹對她著迷得不得了，畫了好多她跳舞時的速寫；但是，也有傳聞說這位小姐跳舞時只穿一件薄罩衫，思想前衛，作風大膽，有一堆紈褲子弟追求她，私生活一團混亂。

撇開名媛貴族間的八卦是非。眼前這位小姐，一個人來到美術館好幾天，始終站在同樣一幅畫作前，她到底在想些什麼呢？

「我信奉舞蹈的源頭就是大自然。」鄧肯小姐說：「這幅畫激發了我的靈感，它就像我小時候剛開始跳自己的舞步時一樣的感覺。」她把臉頰靠近肩頭，臉上有一層淡淡的粉金色，「畫家把那種既柔和又優雅的美麗律動畫出來了，覆蓋繁花的大地，柔緩起伏，西風之神追逐著海洋仙女，海洋仙女又叼著草葉，奔向欣欣向榮的花神，維納斯的身邊是代表貞潔、美麗與愛情的三女神，愛神邱比特的小弓箭會射向誰呢？」鄧肯小姐停頓了一下，最後幾乎是輕輕吶喊著說：「這就是春天哪。」

「噢——真精采！」我雖然是個美術館的老管理員，但在這個小姑娘面前，年輕時蠢蠢欲動的心情又盪漾了起來。「小姑娘，是誰教你舞蹈的啊？」

「我唯一一次正統的舞蹈課，大概是五歲那年，媽媽送我去學芭蕾舞，才上了三次課，我就覺得『真是夠了』！」看得出來，她是一位個性開朗又熱情的年輕小姐，「是誰規定小孩子要跳芭蕾那樣的舞步呢？像個裝了關節的小傀儡，踮起腳尖，一再重複的擺出各個舞蹈位置，那實在違反自然，又沒有靈魂。」鄧肯小姐一邊說著話，她的肩、肘、腳、膝蓋也微微配合著做出各種動作。

她注意到我盯著她發呆，噗哧一聲笑了出來。

「偷偷告訴你喔，老爹，」鄧肯小姐湊近我的面前，壓低聲音說：「我還不滿七歲，就開始教鄰居小朋友跳舞了。」童年時的她，看了很多課外讀物，有時候抓到一、兩句有畫面的詩句，就隨著奇思異想即興創作，例如：十九世紀詩人朗費羅的詩：〈將一支箭射入空中〉，鄧肯小姐說：「老爹，我那時就一直唸這首詩給鄰居小朋友聽，要他們用身體來體會詩句中的精神。」

鄧肯坐回座位，但她接下來所說的話，卻讓人感覺她的身影比站著的時候更為高挑。

「我從小就夢想有一種截然不同的舞蹈，我不確定那是什麼，但我正朝著一個看不見的世界摸索前進。」鄧肯再度把目光轉向波提伽利的畫作，「直覺告訴我，一旦找到了那把鑰匙，我就能登入殿堂。」

鄧肯並沒有立刻找到鑰匙。十一、二歲的時候，她想加入劇團，心想，也許跟著劇團可以早一點找到心目中那個世界的大舞臺。她穿著一身白色的希臘式及膝上衣，束著腰帶，配合著母親彈奏的孟德爾頌「無言歌」起舞，但舞團經理覺得這種表演平淡無味，諷刺的說：「你比較適合去教堂跳吧。」

不斷嘗試了兩、三年，終於有一位色瞇瞇的胖經理告訴她：「嗯，你很漂亮，」他說：「如果你別穿這種希臘式的袍子，換上蓬蓬裙，跳個踢踏舞之類的，應該會一炮而紅。」

「小姑娘，你沒傻傻聽他的話吧？」鄧肯小姐雖然年輕，但她有一股讓人信賴的說服力、溝通力和行動力。我只不過是幫她搬了一張椅子的美術館管理員，但好像已經成為她的忠實粉絲。聽著她早年的經歷，忍不住為她捏把冷汗。

「當時，我們全家都已經身無分文了，只靠一些番茄過活。我只好硬著頭皮，找了一家百貨公司的經理，盡我最大的努力，請他們給我一點布料和一些蕾絲花邊……」鄧肯的母親連夜替她縫了一件有波浪褶邊的舞衣，隔天，鄧肯又去找那位胖經理，在他面前奮力表演，希望跳出讓胖經理滿意的舞步。

鄧肯小姐換得了一週五十美元的薪水，一家人暫時不用餓肚子了，「但那個夏天，是我有史以來最痛苦的時期之一，我對芝加哥的印象，也因為這樣，總是夾雜著飢餓和反胃的感覺。」

苦難以及不順遂並沒有結束。十五歲的鄧肯到了紐約，終於進入比較有名的劇團，然而每天晚上都演出相同的劇碼，讓她覺得快要窒息了。終於在《仲夏夜之夢》這齣戲中，有一個小橋段，導演答應讓她負責獨舞。鄧肯小姐回憶：「導演要我跳精靈，我試著跟他反應：『跳精靈不一定非得戴著那紙糊的亮晶晶翅膀啊。』可是導演非常堅持，我只好假裝身後沒有那一對翅膀，全神貫注的運用我身體的每個部位，面對偉大的觀眾，跳出我心裡最美的舞步。」

不由自主的，臺下觀眾爆出如雷掌聲，差點使得後面「正規」的演出無法進行，導演氣壞了，隔天晚上當鄧肯出場獨舞時，故意熄滅所有燈光。鄧肯仍然在黑暗中，跳著她的精靈之舞。

「我那時非常不快樂，我的夢，我的理想，我的抱負，好像完全渺無希望。劇團裡的人都覺得我是個怪人，少數交往的幾個朋友也各有怪癖。」鄧肯小姐說，她的藝術，就只是在舞姿與動作中，真實表達「我」的存在。

不只在黑暗中仍堅持跳舞。十六歲時，她在全無音樂的陪襯下獻舞，快結束時，臺下觀眾感動的大喊：「這是『死亡與童女』之舞啊！」

「這件事情被報章雜誌傳開了，我的名氣也從美國傳到了歐洲。」鄧肯小姐攤開雙手說：「一個人若真想做一件事，為什麼不去做呢？我從不等待，想做什麼就做什麼。」她一旋身就站了起來，從椅背後面像陣風一樣繞向靠近走道的窗戶邊。

「喏，你瞧，我經常身無分文，卻不斷追求完美的頂峰。我用靈魂聽音樂，用呼吸來看畫；我把額頭仰起接受風和雨，我把雙臂張開給予愛。」鄧肯小姐說這話時，我覺得靈魂彷彿被她電了一下。

「大家都說我跳的是希臘式的舞蹈，我希望有一天，大家會明白，這些舞蹈其實源於美國，所有這些動作，從哪裡來的？它們來自美國偉大的自然、來自內華達山脈、來自太平洋，還有太平洋沖擊的加州海岸，也來自落磯山脈、來自雅斯米山谷、來自尼加拉瓜瀑布。我跳的是美國大地的語言，我讓雙腳，自由。」

夕陽餘輝映照在伊莎朵拉·鄧肯的身上，她的胸前發出金色的光芒，像是太陽神的女兒一樣，把一種光亮灌注到人們的肢體中，讓後來的人們都從自身找到最恰當的舞步。

行政院新聞局登記證
少年報第十二號

元氣早報

閱讀性向測驗

你最欣賞鄧肯說的哪句話？

a 我的座右銘：沒有界線

b 曾擁有野性的人啊，別讓他們馴服你

c 如果我能解釋給你聽，又何必跳這支舞？

d 現代人只活了生命的十分之一

聖潔舞者？敗德瘋女人？

焦點新聞【本報記者小吉綜合報導】

「伊莎朵拉鄧肯學校」想要招收有天分的小女孩——這則廣告登出後沒多久，一個個孩子就出現在鄧肯面前。他們的父母聽說這裡有個「瘋女人」願意收容孩子，即使是生病的也不例外。

鄧肯帶孩子去看醫生，也帶著她們一起跳舞，沒想到學舞的小女孩越來越健康，醉心教育的舞蹈家也贏得了「聖潔的伊莎朵拉」這個稱號，她曾說：「我不教育孩子，我帶給他們喜悅」。

諷刺的是，這位崇尚自然，引導孩子觀察雲朵飄動、樹枝搖曳、鳥兒飛翔的舞者，卻也因為她裸體赤足、追求真我表現的表演與生活方式，飽受批判。

她自忖：「當別人從不同角度看我，就會看到不同樣貌，但哪一位，才是我在尋找的呢？」

鄧肯獲雕塑家羅丹、表演理論大師史坦尼夫斯拉斯基等人推崇，卻也得到不少批評。

對此，她灑脫的表示：「我要找的似乎不只一位，而有成千上百——我的靈魂超然獨立，不受她們任何一個影響。」

今日人物

鄧肯

非常任務——
突破古典芭蕾限制的現代舞之母

鄧肯大事紀——

- 1877 出生於美國舊金山
- 1883 6歲，在家裡教鄰居小朋友跳舞
- 1893 16歲，演出「死亡與童女」之舞
- 1898 前往倫敦，一年後移居巴黎
- 1906 女兒出生
- 1909 在德國成立第一所舞蹈學校，崇尚自然而即興的舞步
- 1910 兒子出生
- 1914 在巴黎成立第二所舞蹈學校
- 1917 在莫斯科成立第三所舞蹈學校
- 1927 因長圍巾絞進車輪中而意外過世

· 選 a 的人→有強烈企圖心，適合閱讀＜周杰倫＞ p.70
· 選 b 的人→期待能解放自我，適合閱讀＜許芳宜＞ p.237
· 選 c 的人→有從事專業的敏銳度，適合閱讀＜周俊勳＞ p.179
· 選 d 的人→無法忍受虛度光陰，適合閱讀＜史蒂夫・賈伯斯＞ p.204

我熱愛

I Love

Kano Tadao

熱愛臺灣的昆蟲少年

■ 王文華

鹿野忠雄

1906-1945

十四歲的年紀，你在做什麼？
是揮汗與未來的會考對抗？
是想著等會兒放學，趕到補習班搶位子？
還是，盤算如何向隔壁班的女孩要社群軟體的帳號？
曾經，有位十四歲的少年鹿野，在他國二暑假那年，一個人轉了幾趟車，展開生平第一趟長期採集之旅。

那一次，他在野外待了三十多天，他回到東京後，寫了一篇〈福島縣產蝶類目錄〉的文章，刊登在日本一家專業的昆蟲雜誌上。

福島縣是他父親的家鄉。

蝴蝶，是他喜歡的昆蟲之一，他不只是喜歡鍬形蟲、獨角仙，除了採集、飼養、觀察，他還不斷的自我進修，同時在雜誌上，用日文、用英文發表他研究的心得與報告，引起昆蟲同好的注意。

這個昆蟲少年名叫鹿野忠雄，出生在一九〇六年的日本東京。

東京當年，近郊還有田野，可供鹿野追尋昆蟲的足跡。

臺灣當年，還是日本的殖民地。

鹿野十五歲那年，著名的昆蟲學者江崎悌三從臺灣採集回來，帶回臺灣的昆蟲標本給鹿野看：

我探視標本箱中新奇而豔麗的甲蟲和蝶類，不由得驚嘆，南方之島的臺灣，竟然有如此美麗且豐饒的大自然！我邊看邊聽江崎博士談臺灣原住民令人著迷的一切⋯⋯①

在江崎的口中，臺灣島上有高山，三千公尺的高山羅列成海般的壯闊；有不同的少數民族，這些民族還保有原始的風俗習慣，令人嚮往；臺灣，還有豐富的熱帶鳥類、昆蟲與動物。

聽著聽著，鹿野聽得渾身發顫，心跳加快，十五歲少年的心，彷彿正被南方叢林裡的小精靈召喚。

江崎博士大概沒想到，他帶回來的標本，竟然讓鹿野忠雄下定決心：

「我要去臺灣讀書，盡情的採集昆蟲，探訪原始民族，攀爬高山峻嶺！」

心願好下，實行起來卻是困難重重。

當年臺灣是日本的殖民地。臺灣總督府雖然設有一所高等學校，卻只收中學生

（約等同於現在的國中部），並沒有設立高等科來接納中學畢業生。

鹿野的父母不想讓孩子跑到臺灣去讀書，就給了他一筆錢，希望他留在日本讀高校。

「日本也有很多稀奇的昆蟲呀。」母親勸他。

可是鹿野沒去學校報到，一溜煙跑到南庫頁島去採集昆蟲。

鹿野的堅持，讓父母搖頭嘆氣：「為什麼非得去臺灣？」

是啊，為什麼非得到臺灣不可呢？

鹿野知道，臺灣氣候較日本更為溫暖，小小的島上，高山與平原的落差極大，衍生出豐富的物種與人文風貌，並不是日本所能比較，這些條件吸引著鹿野，也讓他下定決心，非到臺灣不可。

天下無難事，只怕有心人，鹿野的心願，臺灣總督府好像聽到了。

就在鹿野中學畢業的隔年，臺灣高等科學校真的成立了，鹿野心想事成，順利的通過入學考試，手持捕蟲網，背著行李，就這麼搭上船，朝著夢想，抵達臺灣。

鹿野來到臺灣的年代，平原區大多被開發了，但是高山上，依然保留著自然原始的狀態。

鹿野少年的心按捺不住激動，船到臺灣，學校還沒開學，他立刻奔向臺北近郊的烏來、北投和陽明山。那個年代，交通不便，沒有公車到達的地方，鹿野就徒步接近，即使要露宿野外，他也很習慣。

當時高校的宿舍，就在現在的建國中學附近，學生宿舍邊就是植物園，到了晚上，經常會有昆蟲被燈光吸引飛進室內。鹿野會手拿捕蟲網，就在宿舍裡追逐飛蟲；上課的時候，偶爾飛過罕見的蟲子，鹿野就會像個武林高手般，立刻跳窗追了出去。

「這孩子……」老師搖頭苦笑，全班哄堂大笑。

笑聲中，鹿野又從窗外跳了進來，手裡有隻黑底白點的天牛。

「就只是一隻天牛嘛！」老師看了一眼。

「沒錯，是天牛，不過牠翅鞘上的白斑比較細碎，奇怪，是沒見過的品種……」

這樣情形時常發生，久而久之，老師同學們對他的行徑也就見怪不怪，他住的地方，堆滿了採集回來的標本，蒐集的書刊、雜誌，沒多久就被同學們封為「昆蟲博士」。

整天沉迷在昆蟲世界的鹿野，在新創立的臺灣高校裡，得到了最自由的學習環境，課堂關不住他探查自然的腳步，對他來說，整個臺灣才是他學習的教室，為了追查昆蟲，他開始攀爬臺灣的高山，原始森林多樣風貌，原住民部落的風采，也使他著迷，從此，他由昆蟲進入高山地質的調查，又加入對臺灣原住民的人文、風俗、傳說的蒐集與研究。

有了高山、原野的鍛鍊，削瘦的鹿野，漸漸變得粗壯了，寬厚的胸膛，結實的肌肉，讓他更有勇氣挑戰高山的嚴苛考驗。

留在臺北的時候，他自修拉丁文和希臘文，為的就是把找到的各種生物，與國外的圖鑑做比對。

日本殖民時代，有許多山區是不允許一般百姓進入的，那裡時常會有原住民與日本警察對立、抗爭的事件，但是鹿野在山裡自在走動的樣子，就像個原住民一樣。他學會泰雅族、布農族的話，好多的部落，都有他的朋友，原住民待他像家人一樣，鹿野在部落裡也很自在，他寫信給家人時，甚至提及：「我已經有信心成為一個原住民了。」

當時還有個傳說：

鹿野去一個原住民部落做調查，也許是待了太多天和大家混熟了，也許是他的禮貌和學養讓頭目很欣賞，總而言之，頭目高興之餘，決定將女兒嫁給他。

「你一定得答應，不然，就是瞧不起我。」

頭目的盛情，讓鹿野羞澀得不知如何是好，他想盡辦法推辭，最後雖然逃婚成功，卻來不及趕回高校參加畢業考。

如果只是單純的沒有參加畢業考，或許還有補救的機會。

但是鹿野高校讀了三年，真正的上課日數，竟然連三分之一都不到。

校方準備要開除他，幸虧在最後的關頭，由校長親自保證：「這個學生未來將成大器，不能開除。」

幸好有了校長親下的「免死金牌」，這才取消了校務會議的開除令，轉而給予留校一年察看的處罰。

不能畢業，還要留校察看一年，鹿野該好好把握，按時上課了吧？

噢，不！

如果他就這樣放棄山野，從此遠離昆蟲和迷人的原住民部落，那他就不是鹿野忠雄了。

鹿野忠雄高四那一年，他的身影依然活躍在臺灣高山上。

五月，鹿野計畫到阿里山以南地區登山探險，因為那裡是布農族「最後未歸順蕃」，日警禁止一般人出入，鹿野打算祕密進入。

出發前，一向體格強壯的鹿野感染了登革熱，在醫院足足躺了五十天，身體也瘦了七公斤半，關在醫院的生活，鹿野認為自己是憂鬱的，出院前，醫生還嚴重警告他，身體剛恢復，暫時不要登山，不然很有可能會再復發，但是醫生的警告阻擋不了他的決心。

七月，他在阿里山待了一個禮拜，然後展開一連串登山行動，連登卓社大山、能高主山，奇萊主山等三千公尺級高山。

八月，深入花蓮立霧溪，回到臺北又加入中央尖山攻峰隊。

中央尖山攻頂後，他與日本來的登山隊會合，爬了南湖大山、雪山，然後獨自進入霧社山區，直到九月才回臺北。

第二年正月，鹿野縱走合歡山，攀登畢祿山。

這是高四那年，鹿野忠雄所記錄的登山行程，如果加上他寫作論文、戶外採集，田野調查……，這麼看來，他真正在學校的時間，實在很有限。

轉眼又到了畢業典禮前夕，他的上課日數依然不足。

在校務會議上，學校的教授激烈的辯論「該不該讓鹿野忠雄畢業」的議題。贊成與反對的教授人數相當，最後只好再請三澤校長裁決。

「鹿野忠雄君嘛……」三澤校長知道，鹿野忠雄並不是貪玩，這個少年把課堂搬到了野外，他發表的論文，其實已有一流的水準，他探索的科目之廣，更不是學校所能給予的，照三澤校長的看法，培育出這樣的學生，才是學校教育的目的。

三澤校長點頭放行，讓鹿野忠雄順利畢業，進入東京帝大為他熱愛的昆蟲、地質及民族學做研究。

在帝大讀書的時候，鹿野忠雄的眼光始終朝向南方，在這個太平洋南方的島上，有他喜歡的原住民朋友，有他熱愛的野生動植物，他像候鳥般，總是想盡方法找理由回來臺灣走走，其中，光是蘭嶼，他就至少去了十次，停留的日數加起來超過一年。

太平洋戰爭時，他被軍方要求前往婆羅洲日軍占領地做調查，鹿野也想趁機去了解臺灣原住民與東南亞民族的關聯。

令人痛心的是，這個集博物學、動物地理學、民族學於一身的學者，竟從此失蹤於南十字星下的熱帶叢林裡，那年，他才三十八歲。

直到今天，依然有很多人相信，鹿野忠雄其實還在婆羅洲某個部落裡做研究，或許哪天，他研究得透澈了，他就會戴著屬於他的標誌，一頂寬邊的探險帽，手裡持著捕蟲網，回到他熱愛的臺灣來……。

① 節錄自《山、雲與蕃人》作者序。

行政院新聞局登記證
少年報第十三號

元氣早報

忘了返家的博物學者

焦點新聞【本報記者小吉綜合報導】

一九四五年，在調查婆羅洲的任務中消失的鹿野忠雄，就要回來了！——這是占星大師狐狐夫人最大膽的預測。最高興的人，非等待超過半世紀的鹿野夫人莫屬，因為鹿野老是因為太過熱衷研究，進入山區就忘了回家是常事，所以她一直等著這位迷糊的先生，這一等就超過半個世紀啊。

除了枕邊人，還有好多掛念著他的好朋友，像是這位阿美族耆老托泰．布典先生，托泰遙想當年，他可是鹿野探勘臺灣高山生態、冰蝕地形與人類學研究的得力助手，他緩緩的說：「鹿野先生是我見過最善良的人」，雖然為了研究不得不殺生，鹿野還是會注意，每種動物最多不超過兩隻。

在托泰口中，鹿野是個率性的人，他非常討厭日本警察的官僚作風，與其住在官方提供的宿舍，他寧可住在「蕃人」朋友家；鹿野還是個膽大心細的人，常常在危險的斷崖邊觀察，每天都認真記錄下所有觀察到的資料……話匣子停不了的托泰如今也是個白髮蒼蒼的老先生了。

狐狐夫人信誓旦旦的說她看到南十字星閃爍了三下，這表示「曾經消失的會再度出現」，請與本報記者一同望向南方，這位熱愛臺灣的學者，隨時可能再度現身。

今日人物

鹿野忠雄

非常任務——
深入臺灣研究的日本博物學家

鹿野忠雄大事紀——

- 1906 出生於日本東京
- 1913 7歲，開始採集昆蟲
- 1919 13歲，陸續發表論文於《昆蟲少年》雜誌
- 1921 第一次看見江崎帶回的臺灣昆蟲標本
- 1925 渡臺入臺灣高等科就學
- 1928 畢業前夕，因上課日數不足三分之一，被判留校察看一年
- 1929 獲准畢業
- 1930 考上東京帝大地理科
- 1933 進入帝大研究所
- 1940 結婚
- 1945 失蹤於熱帶叢林

閱讀性向測驗

你最佩服鹿野忠雄的哪一項成就？

a 研究原住民文化
b 研究臺灣昆蟲生態
c 探勘臺灣山林地形
d 考察臺灣的動植物

· 選 a 的人→有熱血沸騰的心，適合閱讀<傑克．邱吉爾> p.164
· 選 b 的人→有細膩的觀察力，適合閱讀<吳健雄> p.131
· 選 c 的人→有行萬里路的魄力，適合閱讀<徐霞客> p.108
· 選 d 的人→對未知事物充滿好奇心，適合閱讀<伽利略> p.39

Jack Churchill

讓生命像動漫一樣熱血

■ 王文華

傑克・邱吉爾

1906-1996

天堂門口，永遠排著長長的「人」龍，他們很有耐心，大家都為了能進入天堂而喜悅。

天使長站在入口，他看著這麼多符合資格的人，他們一定是品格端正，熱心公益，造福人群，這才能來到天堂。

只要踏進天堂大門口，裡頭就有永生的幸福與快樂。

所以，等得再久，有什麼好抱怨的呢？

直到……

天堂入口

一點銀光，由地面急速升至天堂，然後化成透明身影，穿越靈魂排列的長龍。

「排隊！」

「請排隊！」

發光的靈魂喊著他，那人影不停，直到天使長在入口攔住他：「嘿！朋友，先來後到，你別急呀！」

「怎能不急，人生苦短，我得把握每一分每一秒。」

天使長核對他的身分：「傑克．邱吉爾，那個英國的首相？」

「你誤會了，雖然我也姓邱吉爾，但我可比他老兄好多了，溫斯頓．邱吉爾只知道寫作、畫畫和喝紅酒，在我眼裡，那不算男人！」

「是嗎？我再檢查一下。」天使輕輕一點，雲端上出現幾十個畫面。

一幅接著一幅，呱呱墜地到人生盡頭。

「奇怪？」

「找不到嗎？是不是我還不該死，該繼續回去過我的痛快人生？」

「你誤會了，凡人的一生：出生、求學、就業、結婚、生子，精采片刻就那麼幾格。」天使長頭上光環閃亮：「你卻比別人多太多了，不合理！」

天使長這一說，那些靈魂也都好奇的伸長脖子……

在白雲聳立的螢幕上，傑克．邱吉爾的一生，真的比別人多了好多高光片段！

「比如這個摩托車。」天使長點下其中一幕，畫面中有個年輕小伙子，那是年輕的傑克．邱吉爾，他騎著摩托車，在崎嶇不平的道路上瘋狂行駛！

激昂的進行曲，配上嘶吼的男聲口白：「二十歲的邱吉爾從軍事學院畢業後，到緬甸服役。他愛上摩托車，一個人從緬甸的烏倫彬騎到仰光。」畫面下，有條逐漸延伸的數字線，七百公里的字樣浮現。他閃過大象、水牛，飛越過狹小的泥地、上下彈跳的石子路。

那條數字線，又多了四千公里。

觀眾們響起掌聲。

邱吉爾輕哼一聲：「摩托車？這算什麼精采呢！那些年，我還會吹奏風笛和用弓箭打仗呢！」

突擊的人生

「用弓箭打仗？」靈魂們發出一陣輕呼：「我的老天鵝！他是從中古世紀，穿越時空來的嗎？」

「應該不是吧？」天使長在雲端輕輕一點，出現傑克．邱吉爾的簡介。

一九〇六年出生，二十歲服役、三十歲退役，在報社當編輯，到電影片場裡擔任替身或配角，當過模特兒，參加世界射箭大賽，拿下蘇格蘭風笛比賽亞軍……影片很多。

邱吉爾一下子在辦公桌前寫寫畫畫，一下子在鏡頭前比手畫腳。

「編輯、模特兒、拍電影，簡直是超級斜槓！哇！你還會射箭和吹風笛，」天使長說：「光是這些事，就是一般人的一生了。」

「這樣過一生，那太無趣了！」邱吉爾打個長長的哈欠，好像這些事不值一提似的。

另外一部影片自己動了起來。

那是部年代老舊的紀錄片，畫質不太好，但聲音還可以：「一九三九年，德國入侵波蘭，英國協助波蘭抵抗德軍，邱吉爾重回軍隊。」

「你為什麼要回去？」有個特別高瘦的靈魂問。

「我當然要回去，我不在的時候，英國軍人都變成什麼樣啦？」

「但你帶什麼上戰場呀？」天使長搖著頭。

影片裡，別的士兵帶的是槍、子彈和手榴彈；邱吉爾卻帶著蘇格蘭風笛、長劍與長弓。

高瘦的靈魂問：「你這樣怎麼打仗呀？」

「嘿！當然行啊，我告訴你們，有志氣的人，都應該像我一樣，揮劍上場。」

所有的靈魂搖搖頭：「拿長劍、帶長弓，你加入的是什麼軍隊？」

邱吉爾得意極了：「突擊隊！」

「為什麼？」有人問。

「突擊隊聽起來很酷啊！」

畫面跳到突擊隊，邱吉爾像個中世紀的劍客，在濃霧裡潛行。後頭是他的同袍兄弟，但那畫面實在太搞笑了，拿著長劍與弓箭的士官長，帶著一群配備最精良武器的現代士兵。

他們靜悄悄的在海灘上行走，前方出現德軍炮兵陣地，邱吉爾突然大叫：「突擊隊，突擊隊，突擊隊！」

漆黑的夜，驟然的狂吼，德軍砲兵，以為來了千軍萬馬，嚇得舉高雙手，自動投降。

二比四十二的對決

另一部影片，也是突擊隊。

邱吉爾躲在深夜叢林中，只有他和另一個隊員，匍匐前進。
突然，邱吉爾比個停止手勢，他指指前方，一點紅光，微微晃動。
「香菸！」邱吉爾判斷。
兩個人很有默契的分兩邊包抄，他們慢慢接近那哨兵，沒錯，是德軍。
邱吉爾潛行到他身邊，長劍猛然出鞘，劍刃抵在這個大意的哨兵身上，他低聲喝令：「別出聲，槍給我！」
德軍士兵不敢反抗，把槍給了他。
邱吉爾要求他往前，接近第二個哨兵，那哨兵還以為自己人來了，直到邱吉爾的長劍悄無聲息架在他的脖子上。
「怎麼會……」
「別出聲，把槍給我，很好，接下來把手伸出來，」邱吉爾把他雙手反綁：
「好了，我們繼續去找你的兄弟吧！」
第三個士兵、第四個士兵……最後連正在休息的迫擊砲小隊，也全被他們抓了。德軍的槍枝全丟進麻布袋，迫擊砲落入他的手裡。
「你們自己背著吧！」邱吉爾把麻布袋綁在德軍身上，讓他們拖著迫擊砲和彈藥走。
長長的隊伍，在天色大亮時，走出森林，走回突擊隊陣地。
天使長數了數：「你們只有兩個人，俘虜四十二個敵人？」
「還有三門砲擊炮和二十幾枚砲彈。」傑克．邱吉爾補充。
「怎麼可能呢？」有人有疑問：「他們不反抗嗎？」
「是啊，他們有四十二個人耶！」
「四十二個人又怎樣？德國人把士兵訓練成聽話的狗，我只要大聲下命令，他們就會照著做。」傑克．邱吉爾說。

越獄高手的長征

高瘦的靈魂追問：「你為什麼要帶風笛？」
「風笛又不能當成武器！」其他靈魂說。

「而且很累贅呀！」

「不能當武器，卻可以鼓舞士氣啊！」邱吉爾的眼光在他的一生影片裡停留了一下，有部影片自動播放起來。

一九四四年，邱吉爾帶突擊隊去南斯拉夫。一千多名突擊隊員，攻擊六二二高地，然而德軍火力更為強大，他們被包圍了。

飛機轟炸，大炮掉落，機槍掃射，子彈亂飛。

德軍收緊包圍圈，邱吉爾他們只剩下六人，其中三人身負重傷，他們在戰壕裡苦苦支撐。

「投降，投降！」德軍用拙劣的英語喊著：「投降，不用死！」

「只要投降，不用死！」德軍異口同聲。

「絕不。」一個突擊隊員扔出最後一顆手榴彈。

砰！

無風的戰場，煙硝之中，傳來一陣音樂。

是邱吉爾，他吹奏蘇格蘭風笛。頓時〈你是否一去不返〉的旋律，彷彿把大家帶回蘇格蘭高地上。

德軍困惑了：

「難道戰壕裡還有軍隊？」

「還是英國人的援軍快來了？」

趁著敵人停下腳步，僅存的六名勇士，彼此再看一眼，他們將槍上了刺刀……

砰！

樂曲戛然驟止。

德軍的迫擊砲，命中這最後的據點。

「原來你就是這樣上天堂的？」大家問。

「仗都還沒打完，我怎麼可以死呢？」邱吉爾大笑：「等我醒來，我被德國人俘虜了，只是那些愚蠢的德國人，誤以為我是英國首相邱吉爾的親戚，他們捨不得殺我，把我關進集中營。」

「哇，那一定很慘！」

「怎麼會呢？集中營困不住我啦，」邱吉爾告訴大家：「我找到一個廢棄的排水管，就這樣爬出來啦。」

「德軍的集中營，你說走就走？」眾多靈魂讚嘆。

「那有什麼呢？我逃出去後，計畫從波羅的海那裡，找一艘船划回英國，只是運氣不好，我還沒跑到海邊，又被德軍抓住了。」

「他們一定很生氣！」

「他們當然生氣，把我送去看守更嚴格的集中營，那裡離海更遠，他們說，我再也逃不出去了。」邱吉爾卻很開心的說：「不過，他們說錯了！」

接著，又是另一段影片開啟。

邱吉爾在集中營裡四處走來走去，突然，營裡的探照燈壞了，四下一片黑，他又越獄了，他身上只有一罐鏽跡斑斑的洋蔥罐頭，後頭跟著一大群牽著獵犬搜索的德軍大兵。邱吉爾一邊潛行一邊作戰，那些想抓他的德軍，全留在叢林裡，再也出不去了。

追他的敵人全死了，他自己也傷痕纍纍，一跛一跛的走了八天！直到他餓得受不了，高舉雙手，走出叢林，準備投降。

「朋友，你要做什麼？」森林外，有一大隊美國士兵。

「我……我是英國人，我準備……等等，這裡是……」

「義大利，這裡是義大利，你走了五百公里，翻過阿爾卑斯山脈啦！」

熱血沸騰就是天堂

「讓我最生氣的是，等我越獄出來，戰爭結束了！」

看著邱吉爾氣呼呼的樣子，大家全笑了。

「那時只剩下日本沒投降，我自願去緬甸加入軍隊！」邱吉爾更氣了：「沒想到，美國人丟下兩顆原子彈，日本也投降了，要不是這些美國人，我還能再打上十年。」

戰爭結束了。

邱吉爾的影片卻還有很多。

他四十歲去學跳傘，成了合格的傘兵，他在高空振臂疾呼，狂風把他的頭髮吹得更亂了。

他去耶路撒冷，帶人拯救被戰火波及的猶太醫院，那些醫生、病人感動的全抱著他，他卻腰桿挺得直直的，就像個男子漢。

他去澳洲當作戰顧問，順便學會衝浪，在浪潮之上，搖晃身軀，像條破浪前行的海豚。

他……

大家看得津津有味，只有邱吉爾不太耐煩，頻頻問天使長：「天堂有什麼仗可以打？」

「打仗？嘿！這裡是天堂，你辛苦了一輩子，過了那麼精采的一生，現在可以好好休息，享受天堂裡永恆的平靜與快樂。」

「平靜？快樂？那怎麼行呀，我得有事做啊，你們天堂難道不想跟什麼地方開戰嗎？」

「開戰？整天想打仗的是惡魔撒旦啊，那是地獄之火……」

天使長還在說，邱吉爾的身上閃著亮光，幾個靈魂揉揉眼睛，他們發現，邱吉爾的背後出現一把長弓，長劍跳進他的手裡，腰間還有蘇格蘭風笛。

「既然這樣，我想，天堂不是我該待的地方。」

天使長勸他：「邱吉爾，你知道有多少人想上天堂嗎？」

「對我來說，不斷戰鬥，永遠熱血沸騰的日子，那才是我的天堂呀。」

於是，他縮成一點銀光，落進永恆的黑夜。不久，地底傳來一陣激烈閃動的紅光，巨大的聲響。頓時紅銀光芒交錯，隆隆直響回傳到天上。

那是傑克．邱吉爾，他應該找到繼續奮戰的目標了。

行政院新聞局登記證
少年報第十四號

元氣早報

風笛和射箭，文武雙全邱吉爾

焦點新聞【本報記者小吉綜合報導】

眾所皆知，放棄天堂身分，轉身投入地獄戰鬥的傑克．邱吉爾，他的一身經歷豐富有趣，記者跟著邱吉爾在前線，抓緊他與撒旦大戰的空檔，貼身訪問他。據邱吉爾表示，他於1936年，退役後便到非洲當新聞編輯。非洲動物多，邱吉爾卻嫌在編輯室太無聊，總編輯稱讚他的文筆好，繼續做下去，可以拿新聞獎。

「我寧可當模特兒！」邱吉爾棄編從「模」，又棄「模」拍電影，在拍《巴格達大盜》這部電影時，他扮演一個會吹風笛，又會射箭的英雄，為了把戲拍好，傑克．邱吉爾開始學吹風笛，結果，竟讓他拿到了風笛比賽亞軍。「那些輸不起的蘇格蘭佬哇哇叫，說什麼蘇格蘭風笛應該由蘇格蘭人來吹，太煩了，我就去練射箭。」

讓記者讚嘆的是，邱吉爾射箭也射得好，1939年代表英國參加挪威奧斯陸世界射箭大賽，獲得男子組個人賽第26名，記者稱讚他了不起，他卻說：「這沒什麼了不起，如果你要做，好好做，你一定也可以。」

1940年，德國發動閃電戰，盟軍敗得落花流水，三十四萬英法聯軍被德國人包圍在敦克爾克，隨時都有被殲滅的風險，他在包圍圈外帶著部下打游擊，一箭正中德軍軍官胸膛，他們說那一箭，是現代戰爭中最後一個被長弓擊斃的人。

綜觀傑克．邱吉爾一生，活得像個動漫人物般的熱血，而這場戰士與撒旦的大戰，應該很快就有好消息傳來，讓我們拭目以待吧！

今日人物
傑克．邱吉爾

非常任務——
能文能武的戰場軍事學家

傑克．邱吉爾大事紀——
1906 出生於英屬可倫坡
1926 第一次服役
1936 離開軍隊，在肯亞奈洛比擔任報紙編輯，並從事模特兒兼職工作
1939 代表英國參加世界射箭錦標賽
1939 第二次服役
1996 去世

閱讀性向測驗

你最想向傑克．邱吉爾學習什麼精神？

a 熱愛生命、享受生活
b 熱愛學習、永不嫌慢
c 堅持所愛、無怨無悔
d 奮勇殺敵、勇往直前

· 選 a 的人→熱愛活在當下，適合閱讀＜林義傑＞ p.226
· 選 b 的人→終身學習代表，適合閱讀＜吳寶春＞ p.50
· 選 c 的人→擁有堅持自我的勇氣，適合閱讀＜吳季剛＞ p.192
· 選 d 的人→具勇闖未知的勇氣，適合閱讀＜徐霞客＞ p.108

Zhou Jun Xun

我是這樣挑戰自己的

■ 王文華

周俊勳

1980-

夜色如墨，孤松棋室裡，一燈如豆。

紅面棋王周俊勳，仍在打棋譜。

是坂田榮男的鬼手名局，眼看棋盤都快滿了，這一子，這一子……

他想了又想，該放哪兒呢？

遲疑許久，終於，周俊勳正要把白子落下時，那顆棋子彷彿動了一下……

那動作很細微，卻可以感覺到，白子似乎緊抱著他的食指，不願落下。

不可能啊！

周俊勳愣了一下，仔細看看，棋是棋，燈是燈，難道是下太久的棋，昏了頭？他看看手裡的棋，這是向孤松棋社借的老棋，聽說是當年棋王用過的，但棋就是棋，只是入手較為光滑；但棋就是棋，或許是夜太深，自己晃了神，重新再看看棋局，心意已定：「嚇！就是這裡！」

手起棋落……不，手指上的白子，真的緊黏著他的食指，像個小娃娃，緊緊抓著他指頭。

「下去！」

「不去！」棋子竟然開口。

「嘿！我要下哪兒是我的事，你為什麼不下去？」周俊勳笑了，即使三更半夜，有顆棋子開口講話，也沒嚇壞他。

「你要下的地方明明是死棋，你把我往那裡一擺，我們白子會死掉一大掛。」

「你以為我要把你棄了？」

白棋努力掙脫他的手，跳到棋盤外：「我雖然只是一顆棋子，也知道要照顧自己人。」

「那你更應該要知道棄子爭先的道理啊，圍棋講究『寧失數子，不失一先』的道理啊，這盤棋如果照規矩下，白子大勢已去，但只要下在這裡……」周俊勳拿起另一顆白子，把它放進棋盤上，死了一大片白子，「這塊地面卻盤活了，有了新局面，進可攻退可守。」

「就像犧牲打？」

「對，就像棒球比賽的犧牲打，犧牲自己，讓一壘的人進到二壘，這時只要再來支安打，隨時可以得分。所以，只要懂得『犧牲小我，成就大我』，就算是棄子，照樣能轉敗為勝。」

說到棄子兩字，周俊勳的聲音提高了點，小白棋在棋盤上骨溜溜繞了一圈：

「有人想當棄子的話就去當，我可不想。」

「說起棄子，沒人比我體會深，我覺得自己從小就像一顆棄子！」

「你？」白子停下來，看著他。

「你看你長得又白又光滑，沒有半點瑕疵，但是你看看我臉上這片疤痕，當年一進小學，大家都怕我，同學都說我是鬼……」

「我正想問你呢，你這疤痕是被火燙傷？還是被蟲子叮的？」

「這是胎記，一出生就有了，學校裡的同學不知道，他們一看到我就嚇得吱吱叫，所以我很認厭上學，只有我媽媽鼓勵我，她說俄羅斯的總統戈巴契夫就是因為頭上有胎記，所以當上蘇聯總統，媽媽說我臉上有胎記，長大一定可以變成棋王！」

「你媽媽真的好偉大，所以你就勇敢去上學了？」

「不，我讀到三年級就在家自學了。」

「自學？待在家裡不用上學，這麼好啊？」

「你想太多了，自學就是自己在家裡學，什麼課都得上，不過我那時最愛的是圍棋，因為有一次，我爸去棋室和人下棋，他輸給一個七歲的小孩後，就拿棋讓我玩，我一玩就著迷了，可以自己玩一天，但是如果去跟別人下棋，輸了就很慘，回家爸爸就讓我寫一百個輸了這盤棋的原因，還要跑操場，輸一場跑五圈。」

「五圈？」

「那是一開始，慢慢就加到十圈、十五圈，二十圈，最多要跑七十圈，我足足跑了三個小時才跑完，一圈四百公尺，你算算……」

「我算算，我算算……」白子抗議：「我根本沒有學過數學啊。」

「好啦，別生氣，七十圈就是二十八公里。」

「對我們棋子來說，我們的一生就是在這個棋盤上，什麼公尺、公里對我來說，距離太遙遠了。」

周俊勳把小白棋放在棋盤正中間，恭敬的說：「只要心態擺得正，每一子都有每一子的功用，別看不起自己，即使是棄子，也有機會站在世界的中心！」

說完這些話，周俊勳又默默的打起棋，答答答，他有時快，有時慢……小白棋個子小，繞著棋盤四周轉，轉著轉著，它又想到一個問題了：「你自己玩，不嫌膩啊？」

周俊勳被吵也不生氣，他笑：

「世事如棋局局新，每一棋每一局都有不同的結果，想把棋學好，可以像我這樣打棋譜，也可以和對手來『覆盤』。」

「覆盤？是把棋盤翻過來？」

周俊勳覺得跟小白子講話很有趣，就像在跟他的學生聊天一樣，他說：「覆盤就是和對手下完棋後，一起把剛才的棋從頭再尾再擺一遍，大家相互交流剛才下棋時，彼此的想法與心情。」

「每一手都要記起來，這太難了。」

「如果你很專心思考某件事，你自然就會把它記起來。在覆盤過程中，我們會一手一手互相了解對方的想法與布局，比如我為什麼要下這一子，我下時考慮的是什麼，擔心對方怎麼做；而對手在覆盤時，也會跟我說他當時的想法，覆盤注重過程，尤其在最關鍵的時刻，我們下錯的哪一子，是怎麼影響到最後的比賽。」

小白棋跳上周俊勳的手掌上：「我懂，這就是我們棋子常說的，一著不慎，滿盤皆輸，做人別做壞人，當棋子千萬別當不慎的那一子。」

周俊勳笑著點點頭：「棋盤上，每一子都很重要，所以白子、黑子上頭都沒刻字；也就是因為大家都很重要，我才會這麼重視覆盤，想想贏在哪裡，也想想輸的原因。」

「哈，跟你談了這麼久，我倒沒問過你，你這麼愛打棋譜，又愛覆盤，現在世界的排名……」

「還不錯啦。」周俊勳笑著說。

「棋王？」

「好像曾經有過耶！」

「哇！失敬失敬，你是我第六個認識的棋王耶，哪一年啊？」

「就有一年嘛！」

小白子有興趣了，跳下他的手：「我考考你，你還記得那場比賽？」

「驚心動魄，怎麼忘得了，但我更記得的是心態。那場比賽前我沒負擔，因為對手是當年世界冠軍，我的排名比他低，我就當成去見習，一點兒也不擔心，該吃吃，該喝喝，我打定主意，三戰兩勝，若能跟他對戰到第三盤，那就成功了，所以下起棋來，我既然沒包袱，最後就順利的贏了，沒想到贏了之後，對方就走了，根本沒跟我覆盤。」

「他一定是覺得輸給排名比自己低的人，很丟臉。」

「我不知道，但是我贏了一場，不會被二比零完封，心裡開心，腦子裡就有些胡思亂想的念頭出來了，等到第二盤開始，我下到了下午三、四點時，中後盤的時候，情勢對我有利，我感覺自己要贏了，開始想啊，我要拿到人生第一個世界冠軍了，我整個大分心，一邊下棋，一邊想著要怎麼利用這筆獎金，自己以後會多有名，我要怎麼完成自己的夢想……」

「我覺得你會輸了。」白子輕呼。

周俊勳苦笑著：「比賽完，我輸了半目，半目雖然不多，就像百米決賽只輸零點零零零一秒，但輸就是輸。那場比完，對方還是站起來就走了，還是不跟我覆盤。我獨自走到門口，門口全是記者，他們問我怎麼輸的時候，我覺得很丟臉，很不爭氣的哭了，只說了幾個字，謝謝大家關心，明天繼續努力。」

「一比一，你還是有機會啊！」白子鼓勵他。

「沒錯，那天晚上我在旅館裡，腦海裡自己覆盤，我完全睡不著，除了覆盤，我更問自己，為什麼下棋時要去想那麼多無關的事。」

「這盤棋覆得好。」白子說。

「隔天，太陽升起了，我是帶著貓熊眼上棋場。」

白子有問題：「什麼是貓熊眼？」

「嗯，就是有一種動物嘛，它的眼眶是黑的嘛，總之，我第三盤棋調適自己回到原本的想法。」

「莫忘初衷？」

周俊勳給白子一個讚賞的眼神：「你不知道什麼是貓熊，竟然知道莫忘初衷？」

「人不可貌相，棋子不可以用手量嘛，我聽過六個棋王講故事啊，然後呢？」

「然後，告訴自己，好好把棋下好，第二盤我下那麼好的棋都沒贏，現在更不能分心了，不過我告訴你，我緊張，對方比我更緊張，他更輸不得啊。那天下到下午二、四點，我又占優勢了，這回我記得教訓，比賽過程中，我不斷告誡自己，前一天怎麼輸的，現在不能再犯相同的錯，只要把棋下好，把棋下好，把當下這盤棋下好就好。」

「對對對，活在當下『棋』。」白子說。

「是活在當下，什麼活在當下『棋』，反正，我就是這樣贏下第三盤棋，獲得人生第一個世界冠軍。」

周俊勳說到這裡，他好像看見白子在鼓掌。

但棋子沒有手啊，小白子怎麼鼓掌？

他揉揉眼睛，小白子正開口說：「你說得風平浪靜，我聽得心驚膽跳，高手過招，真的不簡單，難怪你那麼重視覆盤，所以你從此就一帆風順，變成高手中的高手了？」

「錯了，」周俊勳的聲音變得低沉：「贏了世界冠軍，隔天，太陽還是會升起來啊，我人生最低潮的時候應該是拿到世界冠軍後，我一度覺得自己站在浪尖上，但卻在接下來兩三年，連續輸給自己認為不可能會輸的對手，這讓我失去自信、甚至害怕去比賽。」

「你趕快再覆盤啊。」

「小白子，不簡單，你聽懂了。害怕了三年，後來有一場中日精英戰，在那場比賽前，我就不斷跟自己說，要放下世界冠軍的光環，找回那個七歲時很愛下棋的周俊勳，而不是那個拿了世界冠軍的周俊勳。因為我不斷對自己喊話，那四盤棋，我比較放鬆，專注的把棋下好，沒有太多的勝負執念，果然拿到冠軍。那場比賽讓我找到了『放下』的技巧，也讓我發現，當一個人沒有太多包袱、光環在身上時，反而可以發揮自己最好的實力。」

一陣輕微的鼾聲，來自棋盤角落的小白子。

談了一夜的棋，小白子累了！

周俊勳把他收進棋盒裡，外頭，金光燦爛，太陽升起，金光穿窗過戶，落在他苦思一夜的棋盤上。

「嗯，是個下棋的好日子！」

紅面棋王打開孤松棋室的門，往下一盤棋走去。

行政院新聞局登記證
少年報第十五號

元氣早報

人腦與電腦的交鋒

【張賈仁／臺北報導】2009/11/01

昨日（10月31日），MoGoTW電腦圍棋，與紅面棋王周俊勳對弈三局，周俊勳贏了二局、輸一局，雖然獲勝，周俊勳卻對電腦進步的速度大為驚訝！

周俊勳賽後表示：「1990年我十歲的棋力是業餘五、六段，當時跟電腦下圍棋比賽，電腦不是我的對手，但這二十年來，我的棋力提升了不少，電腦卻進步更多！」

長榮大學教授許舜欽指出，周俊勳現在跟電腦下圍棋，可以讓電腦七子，人腦比電腦強很多，電腦想贏，至少要十年以後。

【曾掛角／韓國首爾報導】2016/03/16

3月15日，Google人工智能程式AlphaGo與南韓圍棋九段高手李世乭，經過五小時鏖戰後，李世乭在第五局的比賽中落敗，總比分來到四比一，慘敗於AlphaGo之下。

本場比賽，AlphaGo卻得到了一個意外的收穫：它正式進入了職業圍棋棋手等級分排名─按照世界職業圍棋排名網站的計算規則，「棋手」必須有過敗績才能進入排名統計。而根據AlphaGo自去年10月「殺入」職業棋壇後的戰績，它已經超越李世乭排名世界第四，僅次於中國棋手柯潔、韓國棋手朴廷桓及日本棋手井山裕太。

今日人物

周俊勳

非常任務──

勇於挑戰自己的紅面棋王

周俊勳大事紀──

- 1980 出生
- 1995 生涯首冠
- 1998 生涯第十冠到手
- 2001 個人二百勝
- 2003 個人三百勝
- 2006 個人四百勝
- 2007 首奪LG杯世界棋王（第十一屆）
- 2008 參加智慧型計算論壇暨全球九路電腦圍棋賽的電腦圍棋邀請賽，三戰全勝，奪首屆棋王冠軍
- 2010 第三屆中日菁英賽冠軍（國際第二冠）
- 2015 第八屆棋王賽冠軍

閱讀性向測驗

關於圍棋，你的想法是什麼？

a 電腦AI凌駕人腦
b 略懂規則即可
c 消磨時光的休閒活動
d 人終會戰勝電腦

· 選a的人→這麼容易投降？適合閱讀＜傑克．邱吉爾＞ p.164
· 選b的人→其實你可以更好，適合閱讀＜周杰倫＞ p.70
· 選c的人→加點夢想，人生不只如此，適合閱讀＜史蒂夫．賈伯斯＞ p.204
· 選d的人→認真努力，人定勝天，適合閱讀＜甘地＞ p27

Jason Wu

玩娃娃的男孩夢想成真

■ 馬岳琳

吳季剛

1982-

蜜雪兒．歐巴馬的一個迴旋，就把吳季剛轉上了世界的舞臺。

美國新任第一夫人蜜雪兒．歐巴馬，在歐巴馬總統就職晚宴上，選擇了一襲象牙白色雪紡紗露肩晚禮服，她穿著這套有著銀色手工刺繡並綴滿了水晶的優雅華服，與歐巴馬翩翩起舞，鎂光燈此起彼落，全球時尚界都在問：「設計這件禮服的 Jason Wu 是誰？」

那一刻，二十六歲的吳季剛也是從電視轉播上才知道，他和同事們不眠不休趕工一百多個小時的精心作品，竟然被第一夫人挑中，他立刻拿起電話打回臺灣。

「第一通電話裡，他竟然一直哭，他爸爸安慰他，叫他別那麼激動，先平靜一下情緒，我們過一會兒再打電話跟他聊。」知子莫若母，吳季剛的媽媽陳美雲回想起來，心中明瞭為什麼兒子的反應會這麼激烈，那不單純是一種驕傲、欣慰和夢想成真，還有一種終於證明自己的百感交集。

吳季剛在電話裡說：「媽媽，我幫你爭回面子了，以後再也不用擔心別人會笑我們了。」

愛玩娃娃、看婚紗的小男孩今天光芒耀眼的服裝設計界新星，除了幸運，成功其實是來自真誠面對自己的堅持，和母親一路相伴的支持。

吳季剛從小就是個特別的孩子，小男生愛玩娃娃、看婚紗，也喜歡看京劇。京劇名伶郭小莊在國父紀念館盛大公演時，還在念幼稚園的吳季剛就因為喜愛她的扮相，央求家人帶他去看戲，小小年紀不但不吵鬧，散戲後還直說主角好美，真想向郭小莊握手致意。

從五歲開始，吳季剛就對新娘禮服百看不厭，陳美雲每個星期都會依著他的要求，帶他到臺北市各個婚紗禮服店的櫥窗前，讓他細細的看，並且畫下禮服的樣子。他喜歡玩娃娃，陳美雲和吳季剛的阿姨就到處去幫他買，結帳的時候還要想辦法避免店員用奇怪的口氣說：「怎麼是小男生要買的呀？」

吳季剛的父親吳昆民從事動物用維他命、礦物質代理，是一位白手起家的中小企業家。母親陳美雲則把所有的心思都放在教育兩個兒子身上。國小四年級時，吳季剛的父母就決定，為了讓這個特別的孩子可以有更適合發展的環境，由陳美雲陪伴他和大他三歲的哥哥，前往加拿大溫哥華，吳昆民留在臺灣打拚事業，一家人分隔兩地。

在溫哥華的那段日子，吳季剛依然拿起紙來就開始畫娃娃，家裡也到處擺著他自己動手做的娃娃。正因如此，親朋好友來到家中不免會驚訝，為什麼一個小男孩對娃娃這麼感興趣。為了減少異樣眼光的干擾，陳美雲還特別把家中地下室空出來，幫吳季剛布置成一個工作室，讓他可以盡情發揮。

當然，吳季剛的特殊天分也很快受到注意。經由介紹，陳美雲帶著吳季剛和他畫的圖和做的娃娃，前往溫哥華葛蘭村島設計學校（Granville Island Design School）找服裝設計系的系主任，請對方當家教。原本系主任不願教一個只有六年級的小學生，但覺得小季剛實在有天分，決定破例授課。

大學教授破例調教小學生

其後，系主任又介紹了自己的學生、一位年輕設計師塞德勒（Tyra Zeidler）給吳季剛。不到十五歲，吳季剛就從塞德勒那兒，學會了與服裝設計相關的畫設計圖、剪裁、認識布料和縫紉等各種技巧。

回想當年在溫哥華的茫茫雪夜裡，媽媽總是提起膽子、帶著吳季剛在晚上開車去學服裝設計；娃娃的衣服那麼小、那麼細緻，他卻要耐著性子用做大人衣服的縫紉機，去練習縫製特小號的娃娃衣，每當失去耐性不願做裁縫時，媽媽就會提醒：「老師說，如果你只會畫圖、不懂縫紉，你就不可能成為一個真正讓人服氣的服裝設計師！」難怪吳季剛會說，父母對他的選擇無怨無悔的支持，是幫助他成就夢想的最重要動力。

「我其實是一路想改變他的，卻也一路看著他越來越愛設計、越來越堅持。」陳美雲坦承，自己雖然會尊重孩子、盡力滿足孩子的需求，卻也不免對孩子有著傳統的期望。

未滿十八即當上設計總監

她知道有藝術天分的孩子，多半不喜歡念書，因此她和吳季剛約法三章：一定要讀到大學畢業、除了英文之外，還要學會一種歐洲語言，而且，行為要端正。青少年時期的吳季剛，被送往美國麻州的寄宿學校念中學，他依照和媽媽的約定，努力學法文，高三時取得前往巴黎做一年交換學生的機會。

事實上，前往巴黎念高三之前，吳季剛就已經在娃娃設計界闖出名號，他參加首屆於歐洲舉辦的芭比娃娃國際設計比賽，擊敗各國高手拿下晚禮服和新娘禮服項目的雙料冠軍，他設計的娃娃並且在隨後舉行的巴黎娃娃大展中得到亞軍；不到十八歲，已經是美國 Integrity Toys 旗下的精品洋娃娃品牌 Fashion Royalty 的創意總監，他所設計的洋娃娃被擺在紐約第五大道上最著名的貴族玩具店 F.A.O. Schwarz 販售。

三年前，某一款吳季剛設計的限量娃娃在 F.A.O. Schwarz 開賣，陳美雲特別前往紐約參加開賣晚會，她不敢相信在雪夜裡前往排隊的長長人龍，竟然都是為了希望搶下一只吳季剛所設計的娃娃。

F.A.O. Schwarz 的老闆握著她的手謝謝她生了這麼一個有才華的好兒子，「我那時感動莫名，心想弟弟終於玩娃娃玩出頭了！」陳美雲腦海裡浮現吳季剛小時候流連在玩具店裡捨不得離去的模樣，「我還記得他說，他將來長大，一定也要設計一個娃娃放進 F.A.O. Schwarz 的店裡。」

從設計娃娃到設計服裝，吳季剛很有計畫的一步步朝自己的目標前進。高中畢業後他申請進入美國最好的服裝設計學院——帕森設計學院（Parsons School of Design）就讀，許多全球時裝界知名設計師①都是該校校友。不過，吳季剛並沒有真正從帕森畢業，因為大四那一年，他捉住機會開始在設計大師 Rodriguez 身邊實習，並且忙著創立自己的設計品牌。二〇〇六年二月，吳季剛就在紐約時裝周舉辦了自己的首場服裝秀。

得到美國第一夫人二度青睞

在紐約設計界的人常說，有兩種人在紐約初入行時最辛苦、薪水最低，一是建築業，另一個就是服裝業。想在紐約成名的年輕設計師何其多，更何況紐約時裝界是僅次於巴黎、米蘭，全球競爭最激烈的戰場。

「亞裔要出頭並不容易，再加上像吳季剛這樣具有不同文化背景的人，在紐約真是到處都是，因此吳季剛除了才氣，也很有運氣。」同樣是小留學生、帕森畢業，自創童裝品牌 Poesia、也成功打進美國精品店與高級百貨公司的華裔設計師張文軒分析，吳季剛二〇〇八年入圍美國時裝設計協會②新人獎，等於設計實力已經被認可，再經過特別受到美國第一夫人的二次青睞（蜜雪兒二〇〇八年十一月曾穿著吳季剛設計的黑白相間洋裝，接受美國 ABC 電視臺主播芭芭拉·華特斯專訪），又加上他十分年輕，未來可謂潛力無窮。

《紐約時報》形容吳季剛的設計風格偏女性化、帶有復古味道，他擅長運用花的圖騰和明顯的腰身、蓬裙來凸顯女性的優雅。而為蜜雪兒歐巴馬設計的晚禮服，吳季剛則解釋，除了閃亮、端莊，他希望能展現蜜雪兒內在的堅強個性。這件禮服也會依照慣例被送到美國國家歷史博物館珍藏，成為歷史的一部分。

當時的吳季剛正忙著籌備自己紐約時裝周第一天登場的服裝秀。這個有禮貌、很誠懇、有一些害羞靦腆、並不是很會說話的年輕人，在接受過包括CNN等美國各大媒體採訪、講述自己為蜜雪兒歐巴馬設計禮服的經過與概念後，卻在面對家鄉媒體時有另一番真誠分享：「我真心希望所有的父母，當你發現你的孩子有特殊的才藝與興趣時，能夠多鼓勵他們、尊重他們，並盡可能的給他們空間和學習機會！」原來，這位年紀輕輕、新出爐的「臺灣之光」，最令人印象深刻的不是他的設計、他的才華，而是他真誠面對自己、永不放棄追尋的勇氣。

——原載《天下雜誌》第四一五期，二〇〇九年二月十一日出刊

① 包括Calvin Klein、Donna Karan、Marc Jacobs等。
② 即CFDA（Council of Fashion Designers of America）。

行政院新聞局登記證
少年報第十六號

元氣早報

引領時尚的娃娃新登場

焦點新聞【本報記者小吉綜合報導】

一九九八年，美國專門製作收藏型娃娃與配件的玩具公司 Integrity Toys 邀請早慧的天才設計師吳季剛發展新系列，也就是後來的 Fashion Royalty（皇家時尚）。

該公司的標語為：「不只是張漂亮的臉蛋，而是一個與眾不同的娃娃。」二〇〇一年推出的 Fashion Royalty 更是將此精神發揮到極致，各個子系列都有不同的背景設定，而每個娃娃都有自己的名字、個性、喜好，甚至敵人和朋友，她們的故事隨著新娃娃的推出，持續發展。她們是縮小版的名模，臉蛋姣好、身材完美、打扮時尚，耀眼得讓人目眩神迷。

最重要的是，她們和美國第一夫人所穿的華服，全都是由同一位服裝設計師捉刀。

這些模樣高貴的娃娃，價格並不平民，從美金四十元到三百五十元不等，也就是說，有的娃娃價值超過一萬元臺幣。

吳季剛的身分也已經從設計師轉變為公司負責人之一，個人品牌年年推出新作，設計夢幻娃娃也做彩妝、香水及時裝，一手打造他的夢想王國。

今日人物
吳季剛

非常任務——
美國第一夫人欽點的服裝設計師

吳季剛大事紀——

- 1982 出生於臺灣臺北
- 1987 5歲，立定服裝設計的志向
- 1990 9歲，赴加拿大讀書，後又分別在日本東京、美國麻州、法國巴黎求學
- 1998 17歲，得到芭比娃娃設計獎雙料冠軍獲 Integrity Toys 公司聘為「Fashion Royalty」收藏型娃娃設計總監
- 2006 於紐約時裝週發表第一個人系列作品
- 2009 美國第一夫人蜜雪兒在總統就職晚宴穿著他設計的禮服
- 2010 美國總統夫人將禮服捐給美國國家歷史博物館；獲美國服裝設計師協會最佳女裝設計獎
- 2016 與事業夥伴古斯塔・沃蘭格爾（Gustavo Rangel）結婚

閱讀性向測驗

關於吳季剛，你最羨慕他什麼？

a 支持他的父母
b 設計的天分
c 行銷的創意
d 堅持自我的勇氣

・選 a 的人→重視與家人間的情感，適合閱讀＜許芳宜＞ p.237
・選 b 的人→渴望自由創作，適合閱讀＜蕭青陽＞ p.85
・選 c 的人→創意無限、點子很多，適合閱讀＜雷・克洛克＞ p.214
・選 d 的人→順從自己內心的想法，適合閱讀＜鄧肯＞ p.141

我夢想
I Dream

Steve Jobs

人生的三堂課

■ 賈伯斯於美國史丹佛大學演講文（方淑惠譯）

史蒂夫·賈伯斯

1955-2011

今天很榮幸能參加這所全球頂尖大學的畢業典禮。

坦白說我大學根本沒畢業，所以現在大概是我最接近大學畢業典禮的一刻。今天我想跟大家分享自己人生中的三個故事；沒有什麼波瀾壯闊的情節，就只是三個小故事而已。

第一個故事：人生片段的連結

我進里德學院（Reed College）才六個月就休學，卻繼續在學校待了大約十八個月才真正離開。我休學的理由得從我出生前開始講起。我的生母是個年輕未婚媽媽，在大學念研究所，她決定把我交給別人領養，並堅持領養人必須具有大學學歷，所以她安排好一切，要讓一對律師夫婦照顧我。

就在我出生後，這對夫妻卻臨時反悔，因為他們想要的是女孩。我的養父母排在後補名單上，於是在半夜裡接到一通詢問電話：「這裡有個小男嬰要找人收養，你們有意願嗎？」他們滿口答應。後來我的生母發現，我的養母並沒有大學學歷，而我的養父根本連高中都沒畢業，所以她拒絕在最後的領養文件上簽字。不過我的養父母向她保證將來一定讓我上大學，所以幾個月後她的態度終於軟化。

這就是我人生一開始的遭遇。十七年後，我的確進了大學，卻天真的選了一所幾乎跟史丹佛一樣貴的學校，我的父母是藍領階級，為了籌學費掏出畢生積蓄。六個月後，我認為上大學一點意義也沒有，不知道自己未來的人生方向，也不知道上大學對這方面有什麼幫助，卻要為了上大學，花光父母所有的存款，所以我決定休學，相信船到橋頭自然直。當時這個決定著實讓人憂心，但現在回頭看，那是我這輩子做過最好的決定。

休學之後，我再也不必上無聊的必修課，可以去旁聽自己喜歡的課，只是情況並不完全美好。我沒有宿舍可住，只能在朋友的房間打地鋪，靠回收可樂瓶每個五毛錢的回收金填飽肚子，每個星期天晚上我會走七哩路，到鎮上另一頭的印度教神廟吃頓大餐。我喜歡這樣的生活。當時我出於好奇，依照直覺選擇走這條路，路上遭遇的種種障礙，如今都成為生命中的無價之寶。

舉例來說，當時里德學院提供了堪稱全國第一流的藝術字課程，校園裡的所有海報、抽屜上貼的標籤，全都是美麗的手寫藝術字體。由於我已經休學，不必修一般課程，所以我決定去上藝術字課程，學習襯線字體（serif）與無襯線字體（san serif），也學會變更不同字母組合的字元間距，更了解活版印刷術的偉大之處。藝術字體具有的精緻之美，以及歷史與藝術特質，是科學所無法呈現的，這點讓我深深著迷。

我從沒想過學這些對未來有什麼實際幫助。但十年後我們在設計第一部麥金塔電腦時，我回想起當時所學的一切，因此在麥金塔電腦裡設定了這些字型，打造出第一臺具有漂亮字型的電腦。如果當初我沒有旁聽這門藝術字體課，麥金塔電腦就不會設定多種字體以及字元間距完美的字型，而由於微軟的視窗系統正是抄襲麥金塔電腦，所以很可能個人電腦就不會有這些設定——如果我沒有休學，就不會旁聽藝術字課程，而個人電腦可能就不會有現在這些漂亮的字體。

我在里德學院時，當然無法預見未來，察覺這些事之間的關係，但是十年後回顧一切，每件事的關聯都變得十分明確。我得重申，你無法預見各種事情之間的關聯，必須等到將來回頭看才會明白，所以你必須相信現在生命中的一切必定會影響未來。你必須抱持某種信念，不論是相信自己的膽識、命運、生命或是因果都好，你必須相信目前的一切會影響未來，才有信心順從直覺，即使選擇的道路與一般人不同亦無所懼，唯有抱持這種信念才能成就不凡的將來。

第二個故事：熱愛與失去

我很幸運，年輕時就找到自己畢生的職志。我在二十歲時與朋友合作，在我父母家的車庫裡創辦了蘋果電腦。我們努力打拚，十年內就讓蘋果的規模從一間車庫、兩個員工，擴展為市值達二十億美元、員工人數超過四千人的公司。在此前一年，我們才剛推出最佳傑作——麥金塔電腦，我當時剛滿三十歲，卻在此時被公司開除。我怎麼會被自己創辦的公司開除？這麼說好了，隨著蘋果電腦的規模逐漸擴大，我們請了一位十分有才幹的人和我一起經營公司，第一年一切都進展得很順利。但後來我們對未來的願景開始分歧，最後終於決裂，而公司董事會決定支持他，於是我就在三十歲時被公司炒魷魚，而且還鬧得眾所周知。

我頓時失去生活重心，簡直就像世界末日降臨一般。之後幾個月我完全不知所措，覺得自己讓企業界前輩失望，失手弄掉了他們交付給我的棒子。我簡直是公開的失敗者，甚至想逃離矽谷……後來我慢慢想通了，我仍然熱愛原先的工作，這股熱情私毫沒有因為在蘋果遭受的挫敗而改變。我雖然遭到否定，但仍懷有熱情，所以我決定從頭來過。

當時我沒看出來，但現在仔細回想，被蘋果開除其實是我人生中最好的經歷。重新開始的輕鬆取代成功的重擔，一切都充滿可能性。我因此獲得解放，進入這輩子創意最豐富的時期。接下來的五年內，我創辦了 NeXT 以及另一家公司皮克斯（Pixar），同時也愛上一位絕妙女子。皮克斯製作出全球首部全電腦動畫電影《玩具總動員》，如今已是全球最成功的動畫公司。接著我的人生出現轉捩點，蘋果購併了 NeXT，我重新回到蘋果，而 NeXT 所開發的技術更成為蘋果重生的關鍵；同時間蘿琳與我也共組了幸福的家庭。

我很確信，如果當初沒有被蘋果開除，剛剛提到的事都將成為泡影，這就像是我人生的苦口良藥。有時人生會遭遇迎面而來的重擊，但不要因此失去信心。我深信支持我繼續走下去的動力，就是我對工作的熱愛。一定要找到自己所愛，這個道理不但適用於職場，在情場上更是如此。工作將成為生命中的一大部分，唯有從事自己認為理想的工作，才能獲得滿足感，而只有熱愛工作，這份工作才會成為自己心目中理想的事業。如果你還沒找到喜歡的工作，請繼續追尋，不要妥協。一旦找到熱愛的工作，自然就會知道，所有與內心有關的事物都是這樣，而隨著你年復一年投入，一切將漸入佳境，就跟所有理想關係一樣。所以請務必持續追尋，不要輕易妥協。

第三個故事：死亡

十七歲那年我看到一句話讓我印象深刻，大致上是說：「把每一天都當成生命中的最後一天，總有一天你會猜對的。」從那時起，往後的三十三年，我每天早上都看著鏡子自問：「如果今天是我人生的最後一天，我會想做今天要做的事嗎？」如果連續好幾天的答案都是「不會」，我就知道該做些改變了。

提醒自己即將不久於人世，是我人生中最重大的遭遇，也成為我做重大決定時的重要工具，因為幾乎一切事物，包括外界的各種期望、所有榮譽、面對困窘或失敗的恐懼，在面對死亡時都已經不再重要，剩下的才是真正具有價值的東西。用死亡提醒自己，是避免陷入患得患失情緒最好的方法。一切都是生不帶來，死不帶去，何不率性而為。

二〇〇四年，醫生診斷出我得了癌症。我在上午七點半接受斷層掃描，檢查結果確定我的胰臟長了一顆腫瘤，當時我根本連胰臟的功用都搞不清楚。醫生告訴我，他幾乎肯定這種癌症無藥可醫，我大概只剩三到六個月可活。他建議我回家好好安排未來，這是他們表達「準備等死」的另一種說法，表示你得在幾個月內，把未來十年想對孩子說的話講完，也表示你得好好向家人說出內心想法，讓他們能面對這件事。這表示你得向大家道別了。

我整天都在想這個診斷結果。當天晚上我做了切片檢查，醫護人員將內視鏡伸進我喉嚨，進入胃部再伸進腸子，然後用探針從胰臟的腫瘤裡採集一些細胞。我當時接受麻醉不省人事，而我太太在場陪著我。她告訴我，醫生用顯微鏡檢視癌細胞後高興得大叫，因為那是非常罕見的胰臟癌，可以靠外科手術完全切除。我動了手術，很幸運的，現在已經沒事了。

那是我最接近死亡的一刻，希望也是未來幾十年最接近的一次。在鬼門關前走了一遭，死亡已經不再是單純出於想像的實用概念，現在我能比前更肯定的告訴大家這點。沒有人想死，即使是想上天堂的人，也不想經歷死亡才進天堂，但死亡是所有人共同的終點，沒人逃得過。這是自然的法則，死亡極可能是生命最偉大的發明，是帶動生命改變的媒介，為我們送舊迎新。現在你們是新的一代，但總有一天你們也將步入老年，離開人生的舞臺。抱歉形容得這麼戲劇化，但事實就是如此。

生命短暫，不要浪費時間過自己不想要的生活；不要受教條所限，依照他人的想法過日子；不要讓他人的意見蓋過自己的心聲、想法和直覺。你的內心早已明白自己未來的方向，其他人的想法都只是次要的參考意見。我年輕時有一本很著名的期刊叫《全球目錄》（The Whole Earth Catalogue），可說是我那一輩人人必讀的聖經。最後一期的封底有張照片，是清晨的鄉間道路，照片下有一行字「求知若渴，虛心若愚」，那是編輯群向讀者道別時留下的訊息。「求知若渴，虛心若愚」，我總是如此期許自己，現在你們畢業了，即將擁有嶄新的人生，我也以此期許你們：求知若渴，虛心若愚（Stay hungry, stay foolish.）。謝謝大家。

行政院新聞局登記證
少年報第十七號

元氣早報

閱讀性向測驗

如果你是賈伯斯，你覺得哪件事是種打擊？

a 未能完成大學學業
b 無法在親生父母的照顧下長大
c 從創辦的公司被掃地出門
d 發現得了癌症

Pixar 是怎麼做到的？

焦點新聞【本報記者小吉綜合報導】

《玩具總動員》、《蟲蟲危機》、《怪獸電力公司》、《海底總動員》、《料理鼠王》、《瓦力》、《天外奇蹟》……這些耳熟能詳的片子皆為皮克斯所創造的夢想世界，陪伴世界各地的觀眾度過無數歡樂時光。奧斯卡最佳動畫長片、金球獎、葛萊美獎等，都成了他們的囊中之物。其成功或許可歸功於一套縝密的分工方式與流程，名為皮克斯過程（Pixar Process），包括十四個步驟：

1 有了一個好主意！
2 將想法化為文字，包括具體內容和各種可能性
3 做出能呈現角色個性的分鏡表
4 創作者演出角色的聲音表情
5 按照分鏡製作影片
6 美術部門處理角色外形與感覺
7 處理場景
8 將角色立體化
9 將場景立體化
10 讓角色動起來
11 為角色加上色彩紋理
12 為場景加上光暈氣氛
13 用電腦將所有細節彙整，每一格（1/24秒）至少需六小時
14 加上音效配樂

今日人物
史蒂夫．賈伯斯

非常任務——
建立蘋果電腦王國

賈伯斯大事紀——
1955 生於美國舊金山
1972 進入里德學院就讀，半年後休學
1976 創辦蘋果電腦
1985 被蘋果董事會解職；創辦 NeXT 電腦公司
1986 創立皮克斯動畫工作室（Pixar Animation Studio）
1996 重返蘋果
2000 正式接任蘋果執行長
2004 診斷得知罹癌，七月成功切除腫瘤
2011 八月辭任執行長，十月病逝於美國

‧選 a 的人→追求外界的認同，適合閱讀＜吳寶春＞ p.50
‧選 b 的人→與家人關係緊密連結，適合閱讀＜許芳宜＞ p.237
‧選 c 的人→有強烈企圖心與抱負，適合閱讀＜周杰倫＞ p.70
‧選 d 的人→凡事喜歡身體力行，適合閱讀＜徐霞客＞ p.108

Ray Kroc

從賣杯子到三萬間分店的神奇旅程

■ 王文華

雷・克洛克

1902-1984

雷・克洛克是個銷售員，賣過各種東西，五十二歲那年，他正在四處推銷奶昔攪拌機，不幸遇上二次大戰，人們減少消費，對手削價競爭，克洛克只能把員工辭退。就在他山窮水盡的時候，突然來了張訂單，是一家沙漠邊的小餐廳，要訂八臺奶昔攪拌機。

那種攪拌機，一臺能打五杯奶昔，八臺就是……

「是什麼店需要同時做四十杯奶昔？這怎麼可能呢？」他怕訂單弄錯了，特別寫信去確認。

「沒錯，就是八臺。」對方十分肯定。

克洛克半信半疑的開著車，千里迢迢來到這家餐廳外頭觀察。用餐時間，餐廳裡裡外外擠滿了人。他問那些客人，平均多久來一次。

「我天天來。」有人說。

「我幾乎兩天來一次。」也有人說。

「就算是最好吃的三明治，也不可能天天吃啊。」克洛克心想。

為了探查其中奧祕，克洛克多留了一天。第二天生意依然火爆，他心裡產生一個念頭：「這就是我要的，我也要做一家速食餐廳，而且要做到最大！」

五十二歲這年紀，有些人說不定整天想的就是退休養老了。但這個五十二歲的推銷員，卻是內心燃起熊熊烈火，捲起袖子，準備奮力一搏。

他成功了嗎？嘿！他不但大成功，那一間被他發揚光大的餐廳，你應該也曾走進去用過餐。

沒錯，當年位在沙漠公路邊，名不見經傳，卻被克洛克看出潛力的速食餐廳，就是後來的「麥當勞」，說不定你家附近就有一間！

克洛克從小不愛看書，他喜歡沉思，爸爸說他只會空想，就像個白日夢冒險王；但克洛克也喜歡藝文活動，例如彈琴。媽媽教他彈琴，他彈得不錯，卻老愛在詩歌裡加上自己的即興創作。

因為喜歡音樂，克洛克異想天開，和朋友開了一家樂譜行來賣樂譜，也賣簡單的樂器。一邊與音樂為伍，一邊還能賺錢，多好的謀生方式啊！可惜，樂譜行的收入抵不過租金和水電費：夢想很可愛，但沒做好計畫，夢想也很可怕。這個夢，花掉克洛克所有的積蓄，他只好回到學校。

高二那年，美國參加第一次世界大戰，克洛克瞞著父母，修改年齡去參戰，他擔任救護車的司機，同連的有華特．迪士尼，真的，就是那個畫米老鼠的大畫家。當年他們沒交集，彼此可能見過面，但終日低頭畫畫的迪士尼，應該沒想過，另一輛救護車上，竟然有著未來麥當勞的創辦人吧？

克洛克受完訓，準備上戰場時，大戰結束了。草草結束大頭兵生涯，克洛克找到一份推銷紙杯的工作。他很勤奮，天才亮就帶著紙杯，沿街到各餐館去推銷。

多半的老闆嘲笑他：「我們有玻璃杯，洗一洗又能再用，何必花錢買紙杯？」

想想，如果你被人拒絕，你能堅持幾次呢？

一次，兩次，三次？

克洛克天天被拒絕，但是，他在燠熱的街頭，身體力行，學習被拒絕後再出發，在不斷的挫敗中，尋找成功的方法。

例如：他會去棒球場觀察。別人看球賽，他專心看球迷，看他們喝什麼、怎麼喝，喝完之後又是怎麼處理杯子。他心中隱約覺得，有一個嶄新的市場即將誕生，人們在外面逗留的時間越久，就越需要用輕便的材質製作餐具，而紙杯就是很好的選擇。

他相信自己的觀察。

沃格林藥妝店訂小杯子裝番茄醬，這麼大的公司，仔細找找，一定還有別的機會，所以只要有時間，克洛克就去那裡看看。看著看著他發現，中午的用餐時間，店裡生意好極了，人們排起長龍，很多人不耐久候而中途離開，這些人裡有不少是沃格林自己的員工。

克洛克看出他們的問題，食物很美味，但是店內缺乏座位，只要少數客人坐久一點，店裡就「塞車」了。於是，克洛克提出建議，設立外帶櫃臺，讓大家買了就走，公司營收立刻能提升。

經理兩手一攤：「我們沒有外帶的餐具，難道要讓顧客拿著玻璃杯離開？」

「來做個實驗吧。」克洛克說，他自掏腰包買紙杯給沃格林，開設一個外帶窗口。果然，顧客拿著裝有奶昔的紙杯，歡天喜地的離開。

實驗結果賓主盡歡，店裡座位不必增加，客人快速拿到餐點，最重要的是，營業額大幅提升。

「為顧客著想」，這樣的生意哲學，是他一生奉行不悖的準則。

冬天，紙杯生意清淡，克洛克就帶妻兒到加州尋找其他機會。他在一家名為「平安夜」的餐廳彈琴賺小費。這家餐廳高朋滿座，服務人員態度友善，動作勤快，還有，菜單十分簡單，竟然只提供三樣食物。愛思考的克洛克注意到，餐廳布置得華麗非凡，廚師動作精練到位，這麼豪華的餐廳，提供各國料理絕對沒問題。但平安夜卻只提供龍蝦、牛排和烤鴨三樣菜，這其中有什麼學問呢？

觀察幾天，克洛克歸納出來，因為菜色有限，客人點菜不用想太久；廚房備料迅速，食材自然新鮮；菜色簡單，任何的廚師都很容易上手，出菜速度自然更快速到位。這成了麥當勞第一條守則：簡單明瞭、寧拙勿巧。

對商人來說，時間就是金錢，珍惜時間，才能賺更多錢；但克洛克更知道，這句話也適用在顧客身上。顧客能用餐的時間並不長，如果要花很長的時間排隊，誰也受不了啊！

當時有人發明五軸奶昔攪拌機，克洛克想起沃格林大排長龍的客人，如果有了這種機器，再配合紙杯使用，就能讓客人大幅減少排隊時間，因此他簽下這款機器的獨家代理權。果然，五軸奶昔攪拌機大賣，證明他的判斷沒錯，他每年售出八千臺攪拌機，賺進大把鈔票。

就在克洛克以為前景無限美好時，第二次世界大戰爆發了。戰爭的物資受到國家管制，像是銅，美國管制銅的進口數量，但是，奶昔機裡的導電元件就需要銅；又像是糖，在當時也被國家控管著。銅還能用別的金屬代替，但沒有糖的話，冷飲店怎麼做生意。於是，克洛克的奶昔機滯銷了，他付不出員工薪水，生意在戰火中飄搖著。

就在這時，他接到了那張訂單——沙漠公路邊，有家小店訂了八臺五軸奶昔攪拌機。

我們把故事倒回到那天清晨。

克洛克開著車，往洛杉磯東方開五十哩路，平凡的公路，單調的景色，他把車開進一間八角形的餐廳停車場，這家店不大，停車場空蕩蕩的，看不出來，它未來將會改變世界。

十一點左右，穿著乾淨制服的店員出現了，他們拿出成袋的馬鈴薯，一盒盒的絞肉和一箱箱牛奶，快速有勁的準備著。

不久，成群的人開車湧入，他們排隊、結帳，心滿意足拿著紙袋離開，更多人是迫不及待就吃了起來。

這是麥當勞餐廳最初的樣貌，餐廳的主人是一對兄弟，哥哥叫迪克，弟弟叫麥克，而麥當勞正是他們的姓氏。

這對兄弟懷抱著夢想，高中畢業到加州，本來想當演員，後來開過電影院，最後落腳在沙漠邊，先開汽車餐廳，再轉型成克洛克看到的麥當勞前身。

克洛克欣喜而激動，他決定走進去，好好和這家店的主人談談，做了一輩子的生意，他知道，無論如何都得說服經營者，讓他有機會分一杯羹。

麥當勞兄弟銀行有錢，家裡有房，但克洛克有滿滿的信心，能把這家餐廳變成家喻戶曉。克洛克憑著三寸不爛之舌，成功說服麥當勞兄弟，讓他放手一搏，在全美國各地設立加盟店。他親自面試加盟主，一次授權一家店，統一招牌，不准他們在店裡擺放卡拉OK、吃角子老虎，不讓加盟主自作主張，推出非麥當勞的食物。

食物要美味，菜單要簡單，出菜速度要快，餐具越簡單越好，他把這一輩子記取的教訓與經驗，全都放進麥當勞裡。

事情總是用想的比較簡單。知易行難，除非你有克洛克的毅力。像是要求大家的品質要統一，克洛克希望薯條和漢堡品質可靠，他不希望聽到「紐約的麥當勞比華盛頓的麥當勞好吃」，因此，想要簽下加盟合約的店家，就得遵守他的規則。

麥當勞兄弟的薯條好吃，但是，為什麼會那麼好吃呢？答案很簡單——沒有人知道。在一九五〇年代，沒人知道怎麼做出品質穩定的薯條。克洛克卻帶著團隊開始思索炸薯條的學問。

一開始，賣馬鈴薯的商人以為他在開玩笑，薯條就是薯條，把馬鈴薯削了皮，再拿去炸就好了呀。克洛克從炸薯條的油溫、馬鈴薯的品種開始研究，檢視一批又一批的馬鈴薯，炸過一批又一批的薯條，終於發現：

第一，含水少而固體多的馬鈴薯，炸出來口感脆又好吃。

第二，馬鈴薯的儲存方式，會大大影響炸出來的風味。直到現在，不管你在哪家麥當勞吃到的薯條，風味、口感都一樣，原因就是在那年，有一個堅持找到方法的人。

接著是肉品、蔬菜、食用油，甚至是餐巾紙和紙杯……大部分的供應商幾乎都受不了他這種幾近挑剔的測試與要求。但是，願意接受他的要求，不斷改進直到經得起他檢驗的供應商，不管是種馬鈴薯的農夫，飼養乳牛的酪農，甚至販售油品的商人，最後都接到源源不絕的訂單，成了百萬富翁。

對了，克洛克還拿出僅有的資金成立實驗室，成為漢堡大學的前身。而他的對手，發現他在研究馬鈴薯時，曾哈哈大笑：「馬鈴薯就是馬鈴薯，哪個傻瓜去研究它？」

事後證明，當年嘲笑他的人，現在全消失在歷史的彼端了。

他曾說過：「幸運是汗水的紅利。你流越多汗，就有越多好運。」

回想他這一生，從一個小小的紙杯推銷員，沿著大街小巷販售奶昔攪拌機，機會偶爾出現，偶爾消失無蹤，到了五十二歲依然一事無成。

他放棄了嗎？

劉備四十七歲還泣嘆「髀肉復生」，認為自己太安逸，久沒騎馬，大腿肉都長出來了，因此奮發圖強，打造蜀國。曹操五十三歲寫〈龜雖壽〉詩時，依然認為自己「老驥伏櫪，志在千里」。

而我們在克洛克身上，也看到一個永不放棄的身影，即使大家都不看好他，他還是憑著思考、觀察與行動，最後打造出麥當勞王國。

行政院新聞局登記證
少年報第十八號

元氣早報

閱讀性向測驗

雷・克洛克的努力中，哪一點最讓你佩服？

a 薯條的實驗
b 紙杯推銷
c 為顧客著想
d 了解市場需求

買下棒球隊的速食店老闆

焦點新聞【1974年4月10日本報特訊】

昨晚剛買下聖地牙哥教士隊的大老闆，麥當勞創辦人雷・克洛克，在主場揭幕戰的第八局中，搶下播報員麥克風，惹惱了自家球員，卻贏得全場球迷熱情回應。

回家之後，他太太還問他：「親愛的，你剛才喝醉了嗎？」

克洛克說：「不，我保證我沒喝醉，但我簡直是瘋了。」

本球季一開始，教士隊遠征洛杉磯，三連戰下來只拿到兩分，對手卻拿到二十五分。回到自己的主場開幕戰，也就是昨晚的比賽，克洛克在開賽時，向全場三萬九千多名球迷致意。只是教士隊一開始就落後六分，球員還不斷的出現各種失誤，比如看錯暗號，跑錯壘，漏接，傳球失誤……

雷・克洛克坐不住了，他搶過播報員麥克風：「我一生中從沒見過如此愚蠢的打球方式！」

滿場的觀眾爆以熱烈的掌聲，因為他們買票進場，並不是想看這樣的表現。然而教士隊的球員可不太滿意了，覺得他們被自己老闆嘲諷，三壘手還說：「他以為他在跟那些速食店的廚師訓話嗎？」

克洛克在稍早發表聲明，說自己用詞不當，因為他說話時稍欠考慮，但是他也覺得球員的話傷了所有速食店廚師的心，他決定下回教士隊回到自己主場比賽時，他們會舉辦「快餐廚師」之夜。聖地牙哥的快餐廚師，都能免費來看球。沒錯，只要您是廚師，只要您穿著廚師服、廚師帽，都能在快餐廚師夜，免費來教士隊看球。

附註：職棒聯盟宣布，往後除了官方播音員之外，沒有人可以在比賽中使用公共廣播系統。

今日人物
雷・克洛克

非常任務——連鎖速食店「麥當勞」企業創始人之一

雷・克洛克大事紀——
1902 出生
1955 接管麥當勞特許營業權
1974 買下聖地牙哥教士隊
1984 去世

・選 a 的人→注重細節及品質，適合閱讀＜吳寶春＞ p.50
・選 b 的人→有從挫敗裡成功的耐挫力，適合閱讀＜許芳宜＞ p.237
・選 c 的人→設身處地替使用者著想的同理心，適合閱讀＜比爾・蓋茲＞ p.96
・選 d 的人→凡事擁有好奇心及觀察力，適合閱讀＜徐霞客＞ p.108

Lin Yi Jie

如果放棄了，就只能在旁邊看

■ 許芳菊（採訪整理）

林義傑

1976-

二〇〇七年，林義傑與兩位國際好友以一一一天的時間，用雙腳橫越撒哈拉沙漠，不僅創下人類的新歷史，更帶領我們關心非洲水資源的問題。林義傑讓世人從他身上看到臺灣人的堅強毅力，也鼓舞了臺灣人的士氣。一路跑來，林義傑如何克服重重考驗，實現他的夢想？是什麼培養出他堅毅的個性？

很多人問我為什麼要選擇這麼辛苦的冒險運動。在別人眼裡，我是在從事一個很辛苦、很危險的運動，可是就我看來，因為我做了充分的準備與計畫，我就不覺得它很危險，因為要比賽就會有準備，它讓我學習到處理很多事情的態度。

當然，一開始做個運動員，並不是我父母對我的期待，父母的期待總是希望小孩可以當個公務員，或是醫生、律師。可是我從小愛運動，於是選擇了跑步。到了高中以後，自己離家去西湖工商，主要是那裡有很好的田徑隊，我去那裡找教練。以前會覺得小時候並不知道自己在做什麼，現在回頭看，卻發現我小時候其實滿有目標的。就因為一個興趣，我很執著，就去做了。

很重要的是我的態度，我去西湖工商三次，老師才接受我。因為我沒有什麼成績，他們不怎麼敢用我，他們是重點的田徑學校，是正規的訓練，不像一般學校的田徑隊。所以進去的人都是區中運前兩三名、很厲害的學生，而且身材又好。但是我去的時候，我的背包比我的人還大，那時候老師還以為我是小學來的。到最後老師終於接受我苦苦的哀求，我很高興，就這麼走進正規的田徑訓練。

磨練從起床、打掃開始

潘瑞根教練對我影響很大，如果沒有他，就沒有林義傑的故事。

在人格教育的培養上，家庭環境當然影響很大，但學校老師的影響也很重要。學校教育不在於培養學生多會念書或是養成功利主義，要學生去爭第一，學校教育應該是讓小孩子知道自己的夢想是什麼，而能去付諸實行。在這過程中，不是要教他去吃掉人、擊敗對方，而是要培養出自我的社會責任，以及自我成就的期待。如果忽略了這些生活上的磨練，長大之後，就算很會讀書，可是道德感不夠，就會很可怕了。

我們教練潘瑞根最注重的就是生活紀律，他很負責，是一個很特殊的人。他認為要做一件事就是要全力以赴，還有，他的時間管理是非常嚴格的。比如，我們早上要五點起床，他會安排每個學生值日，叫學生起床，我那時記憶最深刻就是有位學長叫人起床，都這樣叩、叩、叩（用力敲床板），那時真的很痛苦，但這就是磨練，一個耐心的培養。

起來之後，五點半出去訓練，到八點多回來就開始打掃，我們要一天打掃三次，要打掃到不能摸到灰塵，學長會檢查。我發現從打掃的過程中，會磨練到心智的成長，我們教練很重視打掃這個環節。我在那時的一篇日記裡寫到，「來到西湖，你要學會如何打掃。」

我當時覺得真是比當兵還辛苦，可是我們教練認為，如果生活紀律不好或是懶散的話，你怎麼成為一位優秀的運動員？而且會影響到你的態度。他的確是一位影響我很大的老師。

如果你放棄，就只能在旁邊看

會對運動這麼堅持，可能是我爸媽從小常常帶我們去爬山，我就變得很愛運動，在運動中慢慢養成了我這種堅持的個性。因為在運動中如果你決定放棄，就只能在旁邊看別人運動，那就不好玩了。

我是六年五班的（即民國六十五年生），是在比較富裕的環境中長大的孩子，那時候班上的同學每個人都會去補很多才藝，我也有補，可是我都蹺課，跑到國父紀念館餵魚，後來成績變得不好，但並沒影響我的自信心，可能是我在其他方面的表現還不錯吧。

運動比賽輸贏的壓力，小時候還沒什麼感覺，但是到高中，對輸贏有時候會滿自責的，那時候就會鼓勵自己再接再厲。我那時候每天都會寫日記，這也是在西湖的時候培養出來的，老師也會改我們的日記，每天都寫，其實滿有趣的。在寫日記的過程中學到自省，漸漸了解自己發生了什麼事情，教練看到之後，也會給一點建議。那時候教練所給予的關心就是一種支持的力量，有時輸掉了比賽，他會鼓勵我再接再厲，對我有所期待。

我覺得體育或藝術對人格的培養真的很重要，很可惜的，我們以前常常被借用的課就是體育課、音樂課與美術課。

遇到重大的挫折怎麼面對？

我會開始參加超級馬拉松，就是因為遇到了一個重大的挫折。

我在一九九八年的時候，向教練承諾，我一定可以拿到區運會的前三名。然後，我每天非常有目標的訓練，而且那時候我的成績都可跑到全國前三名。我非常認真訓練三個月，結果我在比賽前一天，阿基里斯腱急性發炎，很慘！我被迫放棄一萬公尺的比賽，然後一直打消炎針。六天我打了七次消炎針，我不願放棄，還是去參加馬拉松比賽。

我還記得那天早上老師幫我包紮，還問我：「你確定你要比嗎？你現在沒感覺是因為你打消炎針，等感覺恢復，你就會非常痛苦。」我說：「我確定！」然後我就下去比了。

在前面三十五公里我都保持前三名，可是再下來我開始痛了，只好用跳的，而且包紮的地方都磨得流血了，我跑到三十八公里的時候，我放棄了。所以我有放棄的時候，我不是每次都很厲害，沒有人可以這樣子的。

我那個時候非常的自責，於是決定參加下一個月路跑協會一百公里的比賽，我就這樣進入超級馬拉松。進去之後，覺得滿刺激的，我連續拿了三次臺灣超級馬拉松一百公里的冠軍，而且一直破紀錄。

主動跑向國際盛典

國際比賽，則是我自己爭取進去的。那時候跑馬拉松認識可口可樂大中華地區的CEO，他熱愛運動，我們常常約在一起跑步，他可以跑一百公里、跑二十四小時，還參加過馬拉松七天六夜的比賽。他跟我講，如果我是一個馬拉松選手，卻沒有參加過摩洛哥撒哈拉沙漠七天六夜的比賽，人生枉走一回，因為那是一個馬拉松選手的盛典。我在二〇〇二年自己去報名參加這個比賽，自己開始準備，我就喜歡上這個運動了。

超級馬拉松好像在比人的拉力賽，第一天贏不見得第二天是贏，第二天贏，不見得第三天是贏，要看每天成績的總和，我覺得好刺激，於是就愛上這個比賽。那一次我是跑第九名，是十七屆以來亞洲人第一次跑進前十名的。我發現我滿適合這種運動的，這是我很幸運的地方，我在三十歲之前就找到我很適合的一樣東西。

之後還去參加了很多比賽，中國的戈壁、智利的阿他加馬（Atacama）、亞馬遜河、南極、埃及的撒哈拉沙漠……。成績最好的是智利阿他加馬的比賽，我拿到第一名。

這次橫越撒哈拉大沙漠，從歷史記載來看，沒有人用駱駝、車子、腳踏車或任何工具，橫越撒哈拉沙漠，所以我們這次可以說創下人類歷史紀錄。我在途中遇到一些遊牧民族，聽到我們從哪裡跑過來，都不敢相信。因為這裡環境相當險惡，而且是個戰區，很多地雷、很多武裝分子，危險不只來自大自然，人為因素占更多。更危險的是人，而不是環境，雖然環境是一個很嚴酷的挑戰。

我們算是幸運，可以把這個任務完成。這是人類歷史啊！我們跑了一百一十一天。電影公司還為此拍下了紀錄片「決戰撒哈拉」（Running The Sahara）。

沙漠裡的眼淚

跑過這麼多地方，從沙漠、冰原、戈壁到極地，每一趟的比賽，準備時都非常興奮，可是到了後面的階段，當看到的東西越來越多了，社會的角落也好、世界的角落也好，尤其是我去的地方，真的是「角落」，我看到越多的時候，心裡真是越痛。比如說南極，這麼美麗的地方，你會看到溫室效應的問題。到了非洲，你看到那些小孩子，會想到醫療、社會不平等、人為的問題，越看越擔心。

有人問我為什麼在沙漠裡哭那麼多次，流下眼淚，並不是因為身體的痛或孤獨感。流下眼淚是因為我看到好多好美麗的地方，自然而然引發出內心高漲的情緒。

有一次在茅利塔尼亞，那個凌晨我們跑到一個地方，有好大一片湖在沙漠裡，綠色的植物在其中，當太陽慢慢從湖面升起，當地的人划著竹筏向前進，我看到那個景象的時候……我的媽啊！我的眼淚就自動流下來了，很美！非常的美！就讓我想起，我過去在臺灣曾經跟我的朋友在某個地方所看到相同的景色的那種感覺。我就回想起我的同伴、同學等許多情景。

在撒哈拉沙漠上，感覺好像是自由的，卻又是不自由的。因為我每天都要跑那麼長一段距離，那時候就會問自己：「什麼是自由？」

等回到臺灣這麼現代的地方，你就會更珍惜它、更愛身邊所有的事物。

我還記得在沙漠中遇到一個七歲的小男孩，他爸爸騎著駱駝到兩百公里以外去找水，他媽媽在五十公里以外不知道在做什麼，這個小男孩要一個人照顧自己。這小孩的爸爸殺了一隻羊放在旁邊，小孩餓了就自己生火烤肉來吃，七歲，他就能夠這樣照顧自己。看到了，是會流眼淚的。

未來，準備傳承

我想做一個很好的典範，運動員不只是會運動而已，他可以去挑戰任何不同的事情，他們的堅韌度特別高，因為他們決心去做一件事情的時候，就會好好去做。運動員也不是頭腦簡單四肢發達，他們是頭腦不簡單，而且四肢更發達，我想打破臺灣這種傳統的迷思。

我已經在想「傳承」的工作，因為不能只是林義傑一直在跑，因為如果只是這樣一直跑下去，我的人生會變得毫無目的。我必須要有一些傳承，在一百萬人裡頭，我去找出兩個、三個想要做這件事的人，然後去培養他們。要培養未來的學生或我的小孩，最重要的就是培養紀律與正確的生活態度。成功的定義對我來說就是完成了一項任務。最大的重點在於過程，在於是不是用心盡力去完成這個任務，這就是成功。

——原載《天下雜誌》第四〇四期，二〇〇八年八月二十七日出刊

行政院新聞局登記證
少年報第十九號

元氣早報

閱讀性向測驗

關於林義傑，你最認同他哪一項作為？

a 完成四大極地挑戰賽
b 放棄教職，追求長跑夢
c 以生命為賭注，追求極限
d 計畫培養更多優秀的運動員

「四大極地挑戰賽」的生死之約

焦點新聞【本報記者小吉綜合報導】

二〇〇二年，二十六歲的青年簽下了死亡切結書，這一紙文件，可能通往死亡，也可能通往夢想，是一個與周遭全然無共鳴的夢。

林義傑以生命為賭注，參加了第十七屆的「撒哈拉沙漠七天六夜橫越賽」，執著於未必能活著回來的挑戰，而這只是林義傑追求四大極地挑戰賽的開始。

所謂四大極地挑戰賽（4 Deserts Race），又名為「無法回頭的比賽」，分別是在地球上最乾燥、最炎熱、風最強、氣溫最低的四個地方舉行，即中國大戈壁、埃及撒哈拉大沙漠、智利阿他加馬寒漠、南極冰原。

這些比賽是由名為「極地長征」的組織所舉辦，其使命為透過這些賽事，挑戰人類體能極限，探索原始的地貌與尚未被破壞的文化，同時記錄這些地方的樣貌，並且募款幫助當地少數民族。

今日人物

林義傑

非常任務——
將臺灣國旗插在世界五大洲的馬拉松選手

林義傑大事紀——

1976 出生於臺灣臺北
1998 臺北國際馬拉松賽一百公里組冠軍
2000 臺北國際二十四小時超級馬拉松賽男子組冠軍
2002 第十七屆「撒哈拉沙漠七天六夜橫越賽」第十二名（亞洲選手最高名次）
2003 第一屆「中國大戈壁七天六夜超級馬拉松賽」第三名
2004 「智利阿他加馬寒漠超級馬拉松賽」冠軍「亞馬遜叢林七天六夜超級馬拉松賽」第二名
2005 「埃及撒哈拉超級馬拉松賽」第二名
2006 「南極冰原超級馬拉松賽」第三名；第一屆「世界四大極地超級馬拉松巡迴賽」總冠軍，獲頒「四等景星勳章」
2008 第四屆「磁北極冒險挑戰賽」第三名

· 選 a 的人→有過人的專注與毅力，適合閱讀<吳寶春> p.50
· 選 b 的人→對人生有獨到見解，適合閱讀<鄭板橋> p.119
· 選 c 的人→覺得人要活在當下，適合閱讀<史蒂夫 · 賈伯斯> p.204
· 選 d 的人→懷抱回饋社會的大愛，適合閱讀<甘地> p.27

Sheu Fang Yi

以舞蹈征服世界

■ 吳寶娟、王文華

許芳宜

1971-

黑漆漆的夜晚，一個十歲的小女孩騎著腳踏車，經過宜蘭市中山國小後操場。這段路沒有路燈，除了小女孩孤單的身影，沒有其他行人。

每次經過這裡，小女孩總是擔心：路旁會不會跳出專抓小孩的魔鬼？烏漆抹黑的草叢裡，躲著什麼怪物？她越想越害怕，害怕的將踏板踩得飛快，但是為了上心愛的舞蹈課，這麼可怕的路，她一個星期得鼓起勇氣騎兩次。

小路彎進一片明亮的燈光，「鳳翎舞蹈社」到了，這兒是小女孩學民族舞蹈的地方。

拚命跳舞的女孩

「芳宜，今天你又是第一個到喔。」李寶鳳老師笑著對她說，小女孩報以靦腆的微笑，轉身換好衣服，迫不及待的想早點兒練舞。

這個小女孩叫做許芳宜。她有一雙大眼睛、額頭又高又亮，或許因為在學校功課不好，讓芳宜看起來害羞又沉默，總是安靜的站在角落。但是只要上起舞蹈課，芳宜彷彿就變了一個人。

同樣一支舞，別的孩子練一遍，她可以練四、五遍；她總是不停的練、不停的跳，跳到其他孩子都喊累、喊痛了，寶鳳老師也沒聽她吭過一聲。跳舞時的那一股拚勁，讓人想不注意她都難。

而且，只要開始跳舞，許芳宜的話就變多了。

「老師，我練完下腰了。我現在可不可以學雙手正翻？」

「老師，雙手正翻我也練好了，您可不可以教我單手正翻？」

「學姐的扇子舞跳得好棒喔！老師，我什麼時候也可以做到那樣？」

「老師……」

寶鳳老師教過那麼多學生，許芳宜是這裡面少數對跳舞有狂熱，自我要求又很高的孩子。

不少的夜晚，同學都走光了，芳宜還留在教室裡，把寶鳳老師教過的舞，一遍又一遍的跳；數不清有幾次，她會問老師，明天可不可以留下來加課？

寶鳳老師的眼裡，藏不住得意：這個原本只是想來「跳跳看」的小女孩，看來已經瘋狂的愛上跳舞了……

虎父無犬女

練完舞，許芳宜開心的騎著腳踏車回家。她一進家門，原本要輕輕把門帶上，結果手一滑，「砰」的發出聲響。芳宜心裡想：完蛋了！

果然，爸爸從房間裡出來，看了她一眼。

她全身緊繃，馬上對著門說：「對不起，剛才我太用力了。」接著按照爸爸訂下的規矩，輕手輕腳的把門打開、關上，重複十次才停止。爸爸點點頭，她才趕緊回到自己房間。

「吁——還好今天沒有被罵。等一下洗好澡，我一定要記得關熱水器的瓦斯，不然，又要跪在瓦斯前面大聲說『我愛瓦斯』了！」許芳宜不斷的提醒自己，就怕等一下又忘了做到爸爸規定的事。

許爸爸是一家西藥房老闆，管教子女非常嚴格。

他希望從日常生活中，培養孩子的品格和態度。所以許家規矩一籮筐，輕輕關門和關瓦斯只是其中兩項。如果沒做到，就會被處罰。

他書讀得不多，吃過不少苦。他要求孩子功課要好，以後才能成為有用的人。有一次，芳宜考試沒考好，他就帶芳宜去菜園拔草，讓她體驗一下：勞動流汗跟在家念書比起來，哪個比較好？……

許爸爸也用高標準要求自己。像是和人有約，只能比對方早到，絕不遲到；凡事說到做到，寧可吃虧，也不占便宜。他最常說：「努力不一定成功，成功一定要努力。」

許爸爸的西藥房每天清晨四、五點開始營業，直到半夜十二點才打烊。芳宜跳舞時認真專注的模樣，簡直就是許爸爸的翻版。

開心跳三年

升上國中，功課重了。許芳宜的成績卻一直停在中段班，許爸爸擔心她以後只能到工廠當女工，寶鳳老師建議：「芳宜的舞跳得不錯。何不讓她去考舞蹈學校看看呢？」

爸爸接受寶鳳老師的建議，讓芳宜報考國立藝專和華岡藝校。

國立藝專的術科要考「芭蕾舞」，許芳宜卻從沒接觸過芭蕾，考試那天，跟著人家穿著緊身衣，套上舞鞋，原想芭蕾舞應該跟民族舞蹈差不多吧，等她進了教室，聽著主考老師講解的話，她才發現，原來舞蹈還有分科，站在前頭示範的同學以四十五、九十、一百八十度不斷改變身體和腳的方向，她站在臺下，卻搞不懂那是怎麼一回事，只能依樣畫葫蘆的轉呀轉呀，心裡想的是：完了，完了。

果不其然，滿分十五分的芭蕾舞，許芳宜只得三分，這位未來瑪莎．葛蘭姆舞團首席舞者生平第一次考試，三分的成績彷彿給她重重的一拳，她原以為自己唯一強項就是跳舞，望著「三分」成績單時，她才明白：強中更有強中手，想成功，只有不斷的苦練。

緊接著的華岡藝校考試，寶鳳老師請人為她惡補兩堂芭蕾舞課，芳宜憑著惡補及以前的基礎，終於考進華岡藝校。

在華岡藝校，芳宜遇到一群對她關愛的老師，結交一群熱愛舞蹈的好朋友，芳宜在華岡藝校開心的跳了三年舞，高三時，參加保送甄試，一路順利的考上國立藝術學院。

開學第一天，芳宜因為腸胃炎掛急診，錯過現代舞第一堂課。

教現代舞的外籍老師羅斯．帕克斯，曾是全球知名的瑪莎．葛蘭姆舞團的主要舞者與副藝術總監。他上課時嚴肅、專心，並以專業舞團的標準來訓練學生。芳宜以戰戰兢兢的心情，去上第二堂課。

下課後，一位學長告訴芳宜：「羅斯．帕克斯老師不斷說你很有潛力，還一直問你從哪裡來……」

羅斯．帕克斯老師發現芳宜身上，有著別的舞者沒有的特質，只要她一站上舞臺，立刻就能成為眾人的焦點，因此，不斷的鼓勵她，不斷的給她機會上臺表演。他曾對芳宜說：「臺上因為對的態度而迷人，臺下因為好的態度讓人迷」，這是羅斯．帕克斯老師給她最大的財富，她下定決心：「我將來一定要當專業舞者！」

孤獨、成全與成就

一九九四年，芳宜大學畢業後，打算出國，志在進入專業舞團。

「出國？不必了吧？找個固定的工作，嫁個忠厚老實人，平平順順的，不是很好嗎？」許爸爸不肯答應。

芳宜執意要去，她自己申請到文建會與葛蘭姆學校的全額獎學金，許爸爸見到她的心意如此堅決，考慮好久，這才點頭放行，臨行前還和她約法三章：「無論你做什麼事情，跳舞或念書，三年後一定要回來。」

芳宜答應了。

從小到大，許爸爸對孩子永遠說話算話，因此她早早就學會，要讓爸爸放心，就是要信守承諾，這個「三年後回家」的約定，不是隨口一個交代而已，她說到就要做到。

為了當一名好的舞者，許芳宜在紐約的日子，是靠淚水和汗水堆出來的。

初到紐約，芳宜每天帶著《舞蹈雜誌》，翻著後面的舞蹈教室和舞團資訊，搭地鐵一間一間去找，不放過任何成為專業舞者的機會。但她第一次去考試就被淘汰！三個月後，才終於考上依麗莎．蒙特舞團。這是芳宜這輩子的第一份工作，讓她好開心！

一九九五年二月，芳宜在兩百人激烈競爭中，打敗其他一百九十八個人，考上紐約最棒的瑪莎．葛蘭姆舞團！最棒的舞團，當然也有最嚴格的要求，她常常練舞練到指甲裂了，曾經兩度清楚感覺到骨頭斷了的聲音，那一剎那，她的眼淚狂飆，覺得再也站不起來了，可是，到了臺上，她還是強逼著自己，展露微笑面對觀眾。

許芳宜受傷的經驗不少，受過傷的腳劃過地皮，那股子痛，會讓人想撞牆，她總是用布把腳盡量纏起來，不讓它直接接觸地板，因為它越磨會越開，很痛，特別是裂掉那種，就是像刀劃到，而且不是表面劃到，是一種深到裡層的痛。

這樣的痛是舞者必須承擔的苦。前幾年，她曾回臺加入雲門舞集擔任獨舞者。一次排練中，頸椎神經受到壓迫，足足有三個月，她上半身動彈不得，許芳宜說，當時她害怕極了，後來體會到：「舞者永遠不知道下一秒鐘會發生什麼事，所以決定認真過日子，認真跳舞，不再沉浸在害怕中。」

許芳宜還說：「因為喜歡，從不覺得練舞很辛苦，但是如何做到修行般『自律』的精神，卻讓人感受良多。」

獨自在美國的許芳宜，最怕爸爸打電話來問她過得好不好？

「很好，爸爸請放心。」她總是這麼說。

思女心切的許爸爸，有一回特別飛到紐約去看她，到了紐約才知道，這個口頭一再保證自己很好的女兒，住在一間又小又破舊的公寓裡，冰箱裡只剩下一小塊巧克力，其他的，什麼都沒有。

紐約的天空，偶爾陰雨綿綿，許芳宜的認知裡，卻沒有懶惰的時候，別人放假去玩，她留在舞團裡練習，別人想要放鬆心情時，她督促自己持續下去。

這就是自律。

因為自律，許芳宜用最短的時間，從一個默默無名的菜鳥舞者，成為瑪莎·葛蘭姆舞團首席舞者。她就像一顆快速崛起的明星，引來了媒體的注目，紐約的報紙上，經常報導她，當紅的程度，連她出外旅行，都有人在轉機時，悄悄靠近問：「你就是那個很會跳舞的臺灣舞者嗎？」

紐約時報曾經整版報導她，舞蹈評論家說，來自臺灣的許芳宜，不但是美國知名的瑪莎·葛蘭姆舞團首席舞者，甚至是二十世紀現代舞宗師葛蘭姆的傳人。

一九九七年七月，芳宜信守承諾，以三年又多了幾天的時間回到臺灣，雖然超過了幾天，但許爸爸開心的說：「不滿意，還可以接受啦！」

一路走來，許芳宜不斷的面對挫折與傷痛，但是，即使她曾經窮到身上只剩下三十七塊美金，她也不曾放棄過，因為她知道，只要站上舞臺，她就是最富有的舞者，選擇舞蹈，愛上舞蹈，從宜蘭一路跳到了紐約，那個深夜騎車的小女孩身影，那個逗留在舞蹈教室裡的身影，全在不知不覺裡，變成最美的舞姿，從臺灣到國際……。

行政院新聞局登記證
少年報第二十號

元氣早報

舞動人生　又瘋狂又清醒

焦點新聞【本報記者小吉綜合報導】

一九九五年，來自臺灣宜蘭的許芳宜，考進有七十年歷史的葛蘭姆舞團，她的身分從「實習舞者」開始，接著是「新舞者」、「群舞者」、「獨舞者」，一九九九年，她成為「首席舞者」，完成了別人可能需要十多年才能走完的歷程。

《紐約時報》讚譽她為「當今葛蘭姆技巧和傳統的最佳化身」。

回首那段在葛蘭姆舞團的時光，她學會自己教自己、找答案、與自己對話。即便面臨負面心理戰的打擊，或是高壓監督，她不斷告訴自己：「在舞臺上，我才是老闆！」她永遠記得跳舞的初衷，是為了享受，而非畏懼。所以她能夠「瘋狂而清醒」的演出；她能在臺下無數失敗的練習過後，在臺上展現從容的一面；她也在人生的轉捩點做出「選擇藝術，也讓生命繼續」這樣的決定。

二〇〇七年，她離開葛蘭姆舞團回臺灣，二〇一一年，她成立「許芳宜＆藝術家」，她卸下明星光環，從舞者轉型為舞團負責人。追求極致的態度並未改變，但她決定傳承，這是她選擇的另一個幸福舞臺。

今日人物
許芳宜

非常任務──
第一位成為美國瑪莎．葛蘭姆舞團首席的臺灣舞者

許芳宜大事紀──

1971 出生於臺灣宜蘭
1981 10歲，開始學習民族舞
1987 16歲，離開宜蘭，赴臺北學舞
1994 赴美，考上紐約伊麗莎．蒙特舞團
1998 成為瑪莎葛蘭姆舞團首席舞者
2005 登上《舞蹈雜誌》封面，被評選為二十五名最受矚目的舞者之首；年底獲頒「五等景星勳章」
2006 獲頒傑出「亞裔藝術家獎」
2007 成為史上最年輕的國家文藝獎得主；受邀至紐約，為第一位駐村的亞洲舞者
2022 以電影《我心我行》獲金馬獎最佳動作設計獎

閱讀性向測驗

許芳宜的成就中，你最羨慕哪一項？

a 受國際媒體注目
b 受舞蹈大師肯定
c 充分發揮天分
d 衣錦還鄉

・選 a 的人→追求成功的企圖心強，適合閱讀＜周杰倫＞ p.70
・選 b 的人→渴望尋求知音，適合閱讀＜伽利略＞ p.39
・選 c 的人→重視自我實現，適合閱讀＜羅丹＞ p.16
・選 d 的人→重視外界評價，適合閱讀＜吳寶春＞ p.50

成長與學習必備的元氣晨讀

■親子天下執行長　何琦瑜

源於日本的晨讀活動

一九八八年，大塚笑子是日本普通高職的體育老師。在她擔任導師時，看到一群在學習中遇到挫折、失去學習動機的高職生，每天在學校散漫恍神、勉強度日，快畢業時，才發現自己沒有一技之長。出外求職填履歷表，「興趣」和「專長」欄只能一片空白。許多焦慮的高三畢業生回頭向老師求助，大塚老師鼓勵他們，可以填寫「閱讀」和「運動」兩項興趣。因為有運動習慣的人，讓人覺得開朗、健康、有毅力；有閱讀習慣的人，就代表有終生學習的能力。

但學生們還是很困擾，因為他們根本沒有什麼值得記憶的美好閱讀經驗，深怕面試的老闆細問：那你喜歡讀什麼書啊？大塚老師於是決定，在高職班上推動晨讀。概念和做法都很簡單：每天早上十分鐘，持續一週不間斷，讓學生讀自己喜歡的書。一開始，為了吸引學生，她會找劇團朋友朗讀名家作品，每週一次介紹好的文學作家故事，引領學生逐漸進入閱讀的桃花源。

沒想到不間斷的晨讀發揮了神奇的效果：散漫喧鬧的學生安靜了下來，他們上課比以前更容易專心，考試的成績也大幅提升了。這樣的晨讀運動透過大塚老師的熱情，一傳十、十傳百，最後全日本有兩萬五千所學校全面推行。其後統計發現，日本中小學生平均閱讀的課外書本數逐年增加，各方一致歸功於大塚老師和「晨讀十分鐘」運動。

臺灣吹起晨讀風

二〇〇七年，《親子天下》出版了《晨讀10分鐘》一書，書中分享了韓國推動晨讀運動的高效果，以及七十八種晨讀推動策略。同一時間，天下雜誌國際閱讀論壇也邀請了大塚老師來臺灣演講、分享經驗，獲得極大的迴響。

受到晨讀運動感染的我，一廂情願的想到兒子的學校帶晨讀。選擇素材的過程中，卻發現適合十分鐘閱讀的文本並不好找。面對年紀越大的少年讀者，好文本的找尋越加困難。對於剛開始進入晨讀，沒有長篇閱讀習慣的學生，的確需要一些短篇的散文或故事，讓少年讀者每一天閱讀都有盡興的成就感。而且這些短篇文字絕不能像教科書般無聊，也不能總是停留在淺薄的報紙新聞，才能讓這些新手讀者像上癮般養成習慣。如果幸運的遇到熱愛閱讀的老師和家長，一些有足夠深度的文本還能引起師生、親子之間，餘韻猶存的討論。

我的晨讀媽媽計畫並沒有成功，但這樣的經驗激發出【晨讀10分鐘】系列的企畫。在當今升學壓力下，許多中學生每天早上到學校，迎接他的是考不完的測驗卷。我們希望用晨讀打破中學早晨窒悶的考試氛圍。每日定時定量的閱讀，不僅是要讓學習力加分，更重要的是讓心靈茁壯、成長。在學校，晨讀就像在吃「學習的早餐」，為一天的學習熱身醒腦；在家裡，不一定是早晨，任何時段，每天不間斷、固定的家庭閱讀時間，也會為全家累積生命中最豐美的回憶。

第一個專為晨讀活動設計的系列

帶著這樣的心願，二〇一〇年，我們開創了【晨讀10分鐘】系列，邀請知名的作家、選編人，如：張曼娟、廖玉蕙、王文華等，為少年兒童讀者編選類型多元、有益有趣的好文章，陸續推出：《成長故事集》、《親情故事集》和《人物故事集》等十餘本好書，裡面的人物故事不止雋永易讀，他們的成長過程，亦十分適合作為少年讀者的學習典範。

二〇一九年，因應一〇八課綱上路，【晨讀10分鐘】關心的觸角亦從個人拓展至社會、國際，開始企劃與時下議題密切相關的主題，如：國際NGO工作者褚士瑩選編的《世界和你想的不一樣》、臺灣最大的科學社群PanSci泛科學選編的《科學和你想的不一樣》、帶領讀者思考全球永續發展議題的《未來世界我改變》、培養數位公民素養力的《未來媒體我看見》，以及引導青少年思考的《做自己，不一定要叛逆》、《思辨世代我啟動》等書，提供讀者不同領域、類型的文本，也為孩子儲備面對多元未來的能力。

同時，【晨讀10分鐘】也與閱讀素養先鋒推手黃國珍及其帶領的團隊品學堂合作，開始有系統的為本系列書籍量身設計《閱讀素養題本》，用意不在於測試孩子讀懂多少，而是要用系統化的方式，帶領孩子理解文本，並融合自身經驗深入探究，才能真正達到吸收內化的目的。

推動晨讀的願景

在日本掀起晨讀奇蹟的大塚老師，在臺灣演講時分享：「對我來說，不管學生在哪個人生階段……，我都希望他們可以透過閱讀，讓心靈得到成長，不管遇到什麼情況，都能勇往直前，這就是我的晨讀運動，我的最終理想。」

這也是【晨讀10分鐘】這個系列出版的最終心願。

推薦文

追求夢想是為了成為幸福快樂的自己

■親職溝通作家與講師　羅怡君

因為編寫上本晨讀十分鐘《做自己，不一定要叛逆》，開啟許多和國、高中生直接對話，聊聊生涯探索的機會。提到夢想，很多人想的不是崇拜的典範或故事，而是「我想當有錢人」，若真要說出誰很厲害，韓國明星群絕對拿下前三名；再多談一些未來，多半會看到對方眼中的疲累和無奈，還沒奮力奔跑就想直接「躺平」，並且充滿懷疑的問：「這樣做有用嗎？」

「有用嗎？」看似追求正確效率的問題，卻是功利主義殘害夢想的殺手。課本或新聞上盡是年輕有為、創業成功的故事，讓同學們很早就判了自己夢想死刑，不想做「努力不一定有收穫」的事情，否則更難承受失敗的後果，何苦為難自己呢？

在這充滿「負能量」的對談過程中，我越來越納悶的是：為什麼夢想等於成功？除了成為有錢有名的人，為什麼同學們腦袋裡沒有其他可以帶來幸福快樂的事？

細細思索現在國、高中生的生活型態，赫然發現將孩子們緊緊包圍住的資訊，的確形塑這樣的價值觀，要突破大數據運算或現實生活中的限制，也絕非課業壓力下的孩子能負荷的額外挑戰。

翻開王文華老師的《堅持夢想我前進》，就像走進小說裡的夢境百貨公司，多元的人生故事構成各色各樣、繽紛搶眼的人生櫥窗，絕對比隔壁用錢堆出來的摩天大樓更令人流連駐足。

比如說，每個人一定都知道邱吉爾，但有幾個人能成為英國首相呢？但是在二次大戰中，拿著長弓大劍抵抗槍砲的「傑克・邱吉爾」，簡直是電玩裡不須加值買武器的魔王級人物啊！他竟然不靠一顆子彈就俘虜敵營四十餘人，還在戰場壕溝裡吹風笛。別以為他只是個軍官，在這之前他曾是報社編輯、演員、模特兒，世界大戰結束後，繼續嘗試各種活動，展開他的不斷電人生。

誰說夢想不能修改？一輩子都在開外掛，死後還被拍成電影的傑克・邱吉爾，這輩子可能比永遠待在官邸的邱吉爾還過癮開心！

再看看五十二歲才創辦麥當勞的雷・克洛克，他大部分都從事業務為主的工作，有賣過紙杯、奶昔攪拌機，失敗根本是家常便飯。然而，他熱愛觀察人群、隨時思考，將過去各種失敗經驗整合之後再嘗試，說服開在沙漠裡的一家店授權給他，成功創辦連鎖加盟的麥當勞體系；他的動力或許是賺錢，但是支持他不斷嘗試創業的，絕對是那份對工作的熱愛。

《堅持夢想我前進》不僅選人精采、遍及古今中外，王文華老師更以不同文體創作，讓讀者接觸這些人物時栩栩如生，老師筆下的名人絕對不是傳統「名人傳記味」，而是充滿畫面感與故事感，伴隨著讀者內心剛剛萌芽的各種想法……。

當然，在這本書裡也有臺灣傑出的故事，讀來更與時共感，孩子們還能親眼見證這些人的夢想持續發生！下次再有機會和孩子們聊未來夢想，我一定要請孩子先猜猜：周杰倫當F咖幾年才獲得機會？方文山曾以什麼工作維生，寫詞是業餘時間堅持努力的夢想？蕭青陽獎爆紅前曾擺攤賣過什麼？林義傑跑到世界角落的時候，腦袋裡在想些什麼呢？

而我更進一步思考，若同學們都讀過王文華老師這本晨讀十分鐘，或許臺灣未來值得驕傲的不只是護國神山或股價數字，而是教育出像「盧安達飯店」那樣有勇氣、設法挽救難民的經理、挺身而出營救猶太人的「動物園園長夫人」，或者更多無私關懷、慷慨付出的陳樹菊阿嬤。

喔！陳樹菊阿嬤可是打敗歐巴馬，登上美國時代雜誌封面呢！

謝謝王文華老師的選文與編寫，這二十位人物像是從不同角度一起撐開夢想超大傘，讓更多同學們願意去夢、勇敢去想！

晨讀10分鐘系列 049

[中學生]
晨讀10分鐘
堅持夢想我前進

選編人｜王文華
作者｜王文華、陳雅慧、蘇育琪、馬岳琳、謝其濬、胡妙芬等
繪者｜達姆

責任編輯｜林爾萱
封面、 版型設計｜曾偉婷
內頁排版設計｜中原造像股份有限公司
美術協力｜陳力賢
行銷企劃｜林思妤

天下雜誌創辦人｜殷允芃
董事長兼執行長｜何琦瑜
媒體暨產品事業群
總經理｜游玉雪
副總經理｜林彥傑
總編輯｜林欣靜
行銷總監｜林育菁 副總監｜李幼婷
版權主任｜何晨瑋、黃微真

出版者｜親子天下股份有限公司
地址｜臺北市104建國北路一段96號4樓
電話｜（02）2509-2800 傳真｜（02）2509-2462
網址｜www.parenting.com.tw
讀者服務專線｜（02）2662-0332 週一～週五：09:00~17:30
傳真｜（02）2662-6048 客服信箱｜parenting@cw.com.tw
法律顧問｜台英國際商務法律事務所 · 羅明通律師
製版印刷｜中原造像股份有限公司：
總經銷｜大和圖書有限公司 電話：（02）8990-2588

出版日期｜2023年6月第二版第一次印行
2024年9月第二版第二次印行
定價｜399元
書號｜BKKCI032P
ISBN｜978-626-305-480-6

訂購服務
親子天下 Shopping｜shopping.parenting.com.tw
海外 · 大量訂購｜parenting@cw.com.tw
書香花園｜臺北市建國北路二段6巷11號 電話（02）2506-1635
劃撥帳號｜50331356

國家圖書館出版品預行編目資料

（中學生）晨讀10分鐘：堅持夢想我前進／王文華，陳雅慧，蘇育琪，馬岳琳，謝其濬，胡妙芬等作. -- 第一版. -- 臺北市：親子天下股份有限公司，2023.06
256面；14.8×21公分. --（晨讀10分鐘系列；49）
ISBN 978-626-305-480-6（平裝）
1.CST：世界傳記

781 112005700